아인슈타인과
자전거 타기의 행복

Einstein and the Art of Mindful Cycling
by Ben Irvine
copyright © The Ivy Press 2012
All rights reserved.

This translation of Einstein and the Art of Mindful Cycling originally published in English in 2012 is published by arrangement with THE IVY PRESS Limited through Amo Agency.
Korean translation copyright © 2016 by ERUMBOOK

이 책의 한국어판 저작권은 AMO 에이전시를 통해 저작권자와 독점 계약한 이룸북에 있습니다. 신저작권법에 의해 한국 내에서 보호를 받는 저작물이므로 무단 전재와 무단 복제를 금합니다.

아인슈타인과
자전거 타기의 행복
균형 잡힌 삶을 위한 마음 챙김

Einstein and the Art of Mindful Cycling
Achieving Balance in the Modern World

벤 어빈 지음 | 김아림 옮김

이룸북

차례

서장

자전거도 인생도 균형이 중요하다

아인슈타인처럼 생각하기 09
마음 챙김과 몰입 13
자전거 타며 마음 챙기기 25
나는 어떻게 균형을 잃었다가 되찾았는가 31

1장

세기의 발명품이 등장하다

괴짜 과학자 39
사람이 끄는 기계 말 48
현실과 조화를 이루다 65
자전거 타고 세상 속으로 78

2장

페달을 밟지 않고 달리다

밖으로 나가다 85
처음을 기억하다 95
자전거 타고 몰입에 빠지다 106

3장

**다 같이 돌자
동네 한 바퀴**

이게 나예요 121
즐거운 자전거 생활 131
고민이 아니라 행동으로 만나다 151

4장

**세상과 만나며
지구 한 바퀴**

더 중요한 별이 있다 159
새로운 지평을 열다 168

나가는 말

**자전거 타기와
균형 잡힌 삶**

여정의 끝 199

감사의 말 205
더 읽을 책 206

서장

자전거도 인생도
균형이 중요하다

자전거를 타는 것만으로도 아인슈타인처럼
생각할 수 있다고 한다면 믿겠는가?
알베르트 아인슈타인은 위대한 과학자였고
자전거 타기는 그냥 자전거 타기다.
하지만 아인슈타인이 즐겁게
자전거 페달을 밟고 있는
유명한 사진을 본다면 마음이 바뀔 수도 있다.
이 수수께끼의 천재와 비슷해지려면
사진 속 아인슈타인처럼 깡똥한 바지를 입거나
단추를 모두 채운 카디건을 입기보다는
역시 자전거를 직접 타봐야 한다.

이 책은 자전거 타기를 통해 아인슈타인이 지역적인 것과 세계적인 것
개인적인 것과 사회적인 것, 창의적인 것과 실용적인 것 사이에서
마음 챙김의 균형을 잡은 것과 같은 삶의 방식을 배우고
따를 수 있도록 도와준다.

과학자이자 사상가인 아인슈타인_
물리학에 혁명을 일으킨 천재 과학자이나 성공만 좇지 않고 단순하고 소박한 삶을 즐기며
이웃을 사랑하고 인류를 위해 공헌하는 데 평생을 바친 위대한 인물

아인슈타인처럼
생각하기

위대한 사상가들의 선구적인 업적에 대한 설명을 이해하기 힘든 것과 마찬가지로, 그들의 삶 역시 수수께끼에 싸인 경우가 많다. 아인슈타인도 예외는 아니라서 그의 삶은 기행과 뜻밖의 일, 다른 이들과 대조적인 행적으로 가득하다. 그러므로 여기서 뭔가를 배우기 전에 언뜻 보아서는 아인슈타인의 행동과 행적의 의미를 알아채기 힘들다.

아인슈타인은 반항아였고(대학교 때 그를 지도했던 교수는 '게으른 개' 같다고 표현했다), 학교를 졸업하고 나서 학계에서 직업을 얻기까지 9년이나 걸렸다. 그러나 1905년 특허청 직원으로 일하면서 물리학에 혁명을 일으킬 놀라운 논문 네 편을 연달아 출간한다. 그래서 이 해를 전설적인 '기적의 해'라고 부른다. 아인슈타인은 진리를 신봉하고 현실 세계가 수학적 구조로 이루어졌다고 믿었지만, 한편으로 "상상력이 지식보다 중요하다"고 공공연히 말했으며 바이올린 연주를 즐겼다. 그는 단순하고 소박한 기쁨을 중요하게 여겼고, 값싼 성공의 덫에 걸리기보다는 동네 아이들의 숙제 도와주기를 더 좋아했다. 그렇지만 그는 전 세계적인 유명인이 되었고 세계시민이라 자처했으며 국제적인 정부가 필요하다고 열렬하게 주장하기도 했다. 아인슈타인은 양말 신는 것을 잊거나 점심을 거를 정도로 덜렁댔지만 민주주의와 인종 간의 평등과 평화주의를 부르짖는 일에는 평생 열심이었다.

아인슈타인은 자유를 위해 싸우는 사회주의자이자 인간다움을 깊이 고뇌하는 사람이었으며, 우주가 신의 작품이라고 여겼지만 무신론자였고, 〈타임〉지가 선정한 '세기의 인물'

나는 자전거를 타다가 그 이론을 생각해냈다.

°**아인슈타인이 상대성이론에 대해 한 말**

이었지만 동시에 영화 속 ET나 〈스타워즈〉의 요다가 탄생하는 데 영감을 준 인물이기도 했다. 그리고 죽어가면서도 병상에서 방정식을 풀 정도로 열정적인 연구가였다.

_____ 다양성 속의 통일

아인슈타인이 보여준 놀라운 면모는 이뿐만이 아니다. 그는 한마디로 규정할 수 없는 다양한 면모를 가진 천재였다! 어떤 사람의 눈에는 뒤죽박죽이라도 다른 사람에게는 조화롭게 보일 수 있듯이, 자연의 다양성 속에서 통일성을 발견해낸 그의 이론만큼이나 아인슈타인의 인생 또한 겉보기보다는 일관성이 있다. 지역적이면서 세계적이고, 개인적이면서 사회적이고, 창의적이면서 실용적인 아인슈타인의 여러 면모는 사실 완벽하게 조화를 이루었다. 그 어느 것도 다른 것 때문에 희생되지 않았고, 세계관은 균형 잡혀 있었다. 그래서 아인슈타인의 삶과 자전거 타기를 하나로 묶을 수 있는 것이다.

_____ 자전거 타기로부터 배우다

이 책은 자전거 타기를 통해 아인슈타인이 지역적인 것과 세계적인 것, 개인적인 것과 사회적인 것, 창의적인 것과 실용적인 것 사이에서 마음 챙김의 균형을 잡은 것과 같은 삶의 방식을 배우고 따를 수 있도록 도와준다. 오늘날 현대 사회에서는 종종 하나만 선택하기를 강요받지만, 자전거를 탈 때는 이런 선택을 할 필요가 없다. 자전거를 타려면 모든 것이 하나로 엮여야 하며, 이런 조화 속에서 참살이Well-Being의 즐거움을 느낄 수 있다. 지역적인 감각이 더 넓은 지평을 만나고, 탁 트인 자유로움이 친밀한 공동체와 만나며, 활기 넘치는 상상력이 유용한 기술을 만난다. 아인슈타인이 지적인 정상에 도달해 예전에 보지 못한 풍경과 놀라운 패턴을 발견했던 것처럼, 별것 아닌 자전거 타기를 통해 정신없이 바쁜 일상에 굴하지 않고 이를 넘어서서 세상을 바라보는 관점을 새롭고 더 나은 것으로 바꿀 수 있다.

마음 챙김과
몰입

아인슈타인은 이렇게 말했다. "인생을 사는 데는 두 가지 길이 있다. 하나는 기적은 없다는 듯 사는 것이고, 다른 하나는 모든 것이 기적이라고 생각하는 것이다." 마음 챙김의 삶은 모든 면에서 기적을 경험하는 일과 같다. 이게 무슨 말인지 궁금하다면, 당신은 이미 이 의미에 대해 어느 정도 알고 있는 것이다.

모든 것이 기적이라고 생각했다고 해서 아인슈타인이 끊임없이 "이것은 기적이야!"라고 외친 것은 아니다. 단지 모든 것에서 놀라움과 호기심을 느꼈다는 말이다. 주변의 사물에 주의를 기울였으며, 눈에 들어온 것은 유심히 바라보고 세세한 부분을 관찰했다. 아인슈타인은 일생 동안 무의식적으로 흘려보내거나, 뒤에서 울리는 자동차의 경적을 알아채지 못할 만큼 인생을 방관하지 않았다. 주변 환경과 그것이 드러내는 놀라운 비밀을 생생하게 느꼈다. 깜박이는 불꽃에도 온통 마음을 뺏긴 듯이 열성적으로 살았다.

명상으로 집중력을 키우다

명상은 다른 차원과 연결되려고 애쓰는 히피만을 위한 것이 아니다. 불교도든 회사원이든, 사람들이 명상을 하는 데는 현실적인 이유가 많다. 마음 챙김은 향상시킬 수 있는 실용적인 기술이고, 과학적으로도 그 효능이 증명되었다. 명상은 운동과 비슷하다. 체육관에서 근육을 키우듯 명상을 통해 더욱 집중할 수 있고 그 과정에서 실제로 뇌가 변

내게는 특별한 재능이 없다.
단지 열정적인 호기심만 있을 뿐이다.

°아인슈타인

한다. 또한 명상으로 호기심을 단련하면서 집중력을 높이는 방법을 배울 수 있다.

몰입과 마음 챙김

모든 것에 호기심을 가지고 다가가는 것이 마음 챙김의 목표지만, 명상은 자기 자신에게 호기심을 갖는 것으로부터 시작한다. 명상하는 사람이 자기중심적이라서가 아니라 사실은 그 반대다. 자선과 마찬가지로(다른 사람을 돕기 전에 가족을 먼저 챙기라는 의미―옮긴이) 사람들은 '집'에서 명상을 시작하기 마련인데, 가장 주의가 흐트러지기 쉬운 장소가 바로 집이기 때문이다. 생각과 감정 그리고 기분을 억누르거나 분출구를 찾고 그것의 원인과 결과에 신경을 쏠수록 더

바로 지금
이 순간과 이 장소에 더욱 집중한다면
우리 자신과 우리를 둘러싼 세계에 대해
굉장히 많은 것을 발견할 수 있다.

°존티 히버세이지, 에드 할리웰, 《마음 챙김 선언》 중에서

욱 사로잡히게 마련이다. 하지만 명상을 하면서 자신의 마음을 챙기다보면 이런 분투를 피할 수 있다. 명상을 하면 생각과 감정, 기분을 이성적으로 판단하는 대신 그것 자체에 대해 호기심을 갖게 된다. 자연스럽게 형성된 구름처럼 지금 이 순간 드는 생각과 감정이 흘러 지나가는 것을 가만히 바라볼 뿐이다. 마음의 어떤 부분을 이용해 다른 부분을 관찰하다보면 내적인 삶의 내용이 스스로 균형을 찾고 바깥세상에 대해서도 더욱 호기심을 갖게 된다.

가끔은 마음을 다해 어떤 일을 하다가 심리학자들이 말하는 '몰입' 상태에 빠지기도 한다. 이는 '의식의 순간'이라고도 부르는데, 너무 집중한 나머지 자기 자신을 놓아버리고 스스로 무슨 일을 하든 의식을 잊는 상태다. 예를 들어 운동을 하거나 음악을 연주할 때, 예술 작품을 만들 때, 뜨개질이나 정원을 가꿀 때, 책을 쓸 때 이런 상태에 빠질 수 있다. 몰입과 마음 챙김은 아주 다른 경험처럼 보이지만 이 둘은 직관적으로 연결되어 있다. 마음이 스스로의 생각과 감정 그리고 기분과 함께 완벽히 평화로울 때 비로소 몰입 상태에 빠져들 수 있기 때문이다.

몰입의 행복

몰입 상태에 빠지는 것은 인간이 누릴 수 있는 가장 큰 즐거움 중 하나다. 몰입을 많이 경험할수록 삶은 더욱 행복해진다. 아인슈타인이 그토록 유쾌했던 것은 놀라운 집중력을 지녔기 때문일 것이다.

물론 아인슈타인의 행복은 수많은 놀라운 성과를 냈던 원인이자 결과였다. 천재들이란 자신의 영혼을 지독히도 괴롭힌다고 알려져 있지만, 언제나 그렇지는 않다. 고흐나 니체, 베케트같이 비극적인 인물들도 놀라운 업적을 달성하는 동안은 고뇌를 떨쳐낼 줄 알았다. 일반적으로 사람은 만족스러운 상태일수록 생산력과 창의력이 높아진다. 플로베르는 이렇게 조언했다. "강렬하고 독창적인 작업을 하려면 규칙적이고 정돈된 삶을 살아라."

요즘에는 과학적 연구도 포함해, 어떻게 해야 더 행복하게 살 수 있는지에 관해 관심이 많다. 다양한 주제가 제기되었는데, 행복에는 여러 원인이 있는 듯하다. 배움, 베품, 운동, 힘을 주는 가족, 공동체 보살피기, 직업적 만족, 재정적 안정, 안전함, 건강, 가치, 정치적 자유 등을 비롯하여 몰입과 마음 챙김 또한 행복의 요소에 포함된다.

마음 챙김 호흡 명상법

명상을 하는 목적 가운데 하나는 존재하는 방법을 배우기 위해서다. 이상하게 들릴 수도 있지만 대부분의 사람은 존재하기보다는 행동하는 것에 더 익숙하다. 바쁘게 뛰어다니지 않으면 마음이 바빠진다. 언제나 걱정거리를 안고 산다. 모든 불안감의 기저에 그리고 우리 안의 어느 부분에서는 꾸준한 속도를 유지하는 것이 있는데, 바로 호흡이다. 호흡을 닻처럼 활용해 지금 이 순간에 머무르게 할 수 있다. 호흡은 걱정할 필요가 없다. 사람은 무의식적으로 호흡한다. 호흡은 존재의 바탕이고, 삶의 부드러운 리듬이다.

조용한 장소를 찾아 단단한 곳에 앉는다. 바닥에 책상다리를 하거나 의자에 앉아 꼿꼿한 자세를 취한다. 입은 살짝 벌린 채로 자연스럽게 숨을 쉰다. 마음을 안정시키면서 호흡이 드나드는 리듬에 주목하자. 통제하려 하지 말고 그대로 내버려둔다. 공기가 지나가는 경로에 주의를 기울인다. 공기는 코로 들어와 입술을 지나 목구멍을 통과해 가슴과 배로 들락날락한다. 이 모든 감각을 관찰해보자.
이 과정에서 주의가 흐트러질 수도 있다. 지극히 정상이다. 명상을 하는 목적이 마음을 비우기 위해서만은 아니다. 상념과 감정을 단순히 유리창에 떨어지는 빗방울이라고 생각한다. 그것을 잡아내거나 무조건 피하려 하지 말고 천천히 다시 호흡에 주목한다. 방황하는 마음을 위한 베이스캠프인 호흡으로 끊임없이 돌아가라.
10분에 걸쳐 명상을 하면 처음으로 마음 챙김의 맛을 본 셈이다. 마음 챙김 호흡 명상이 정신없이 바쁜 현대 세상에서 숨 돌릴 공간이 되어줄 것이다.

행복 찾기

마음 챙김은 행복에서 가장 중요한 요소다. 우선 마음 챙김은 불행해지지 않게 도와준다. 자기 자신에 관해, 즉 생각하고 행동하고 반응하는 방식을 주의 깊게 살피다보면 불안이나 우울, 중독의 특징적인 부정적 행동 양식을 떨쳐버릴 수 있다. 또한 달갑지 않은 충동을 흘려보내고 긴장을 푸는 법을 배울 수 있다.

마음 챙김은 행복을 주는 다른 원인들을 이끌어내는데, 때로는 그 인과적 연결고리가 명확하다. 예를 들어 마음 챙김 상태는 면역 체계를 강화해 에이즈나 암 같은 병뿐만 아니라 심리적 조건과 만성적인 통증에도 긍정적인 효과를 준다는 사실이 증명되었다. 또한 호기심을 자극해 무언가를 배우는 데 도움을 준다. 그렇게 삶의 모든 영역에 성실하게 임하게 되어 안정적인 생활을 유지한다.

이런 예들은 마음 챙김과 행복 사이의 가장 일반적인 연결고리를 암시한다. 마음 챙김을 수련하면 자신을 더 잘 이해하고, 자신의 행동에 대해 어떻게 느끼는지 깨달아 변화를 더 잘 감지하게 된다. 그 결과 스스로 자신의 멘토가 되어 자신을 보살피고 행복으로 이끄는 수단으로 삶을 가득 채운다.

_____ 마음 챙김과 연민

이런 말들이 여전히 자기중심적으로 들린다 해도, 걱정할 필요 없다. 행복을 주는 요인 대부분은 매우 사회적이기 때문이다. 가장 명확한 사례가 '베풂'이다. 이는 다른 사람에게 친절하고 도움을 주며 관대한 것이다. 이기적인 것보다 베풀면 더 행복해지기 쉬운데, 말만 들으면 직관에 반하는 것 같다. 도덕적 가치가 그러하듯, 다른 사람에게 받고 싶은 대로 다른 사람을 대우해야 한다.

마음 챙김 역시 사회적이다. 이는 적어도 다른 사람에게 주의를 기울이도록 도와준다. 그러나 더 나아가 자신을 잘 이해하는 것은 다른 사람에 대한 이해도 깊어지게 해준다. 마음 챙김을 통해 동정과 연민이라는 강력한 감각을 발달시키면, 자신에게 그렇듯이 타인에게도 섣불리 판단을 내리지 않고 덜 비판적이며 타인과의 상호작용에서도 덜 방어적

---

*한 사람의 가치는
그가 받는 것이 아닌 베푸는 것에 있다.*

°아인슈타인

으로 변한다. 마음을 챙기는 이들은 의사소통 능력이 뛰어나고 더욱 만족스러운 인간관계를 맺기 때문에 갈등과 스트레스로 고민하는 일도 적다.

사회자본 증가의 효과

우리가 속한 가족과 공동체가 마음 챙김을 바탕으로 한 인간관계로 이루어진다면 삶은 '사회자본'으로 풍요로워진다. 사회자본이란 집단을 이루는 구성원 사이에 일어나는 유익하고 친근한 모든 사회적 관계를 뜻한다. 경제학자들은 사회자본을 '자원'으로 바라보고 소유나 재산과 동일시하지만, 단지 그뿐만이 아니다. 운 좋게도 삶 속에 사회자본이 가득하다면 요즘 말하는 효율성이나 수익성이 증가할 뿐만 아니라 매일매일 따뜻한 소속감을 느낄 수 있다.

마음 챙김을 방해하는 요인들

산속 계곡에 앉아 있거나 좋은 친구와 함께 있어 행복하거나 동정심 가득한 수녀처럼 살면 마음 챙김 상태에 들어가기가 쉬울 거라고 생각할지도 모른다. 하지만 현대 사회에서 이는 결코 쉬운 일이 아니다. 주의를 빼앗는 요인이 많아지면 마음 챙김 상태를 유지하기 어렵다. 자신도 미처 몰랐던 욕망을 온갖 광고가 들쑤신다. 재난과 범죄, 논쟁이 넘쳐나는 뉴스가 우리를 충격에 빠뜨린다. 겉만 번드르르한 유명인들을 보면 차분하고 평온한 삶이 지루하게 느껴진다. 전자메일함은 비울 사이도 없이 가득 찬다. 무엇보다도 정신을 산만하게 만드는 범인으로 인터넷을 빼놓을 수 없다.

삶이 스트레스로 가득하다면 행복해지기 어렵다. 길고 고된 출근길은 힘들고, 그럼에도 생계를 유지하기 위해 직장을 꾸역꾸역 다녀야 한다. 너무 피곤해서 운동을 하지 못하니 체중이 늘어난다. 화려하고 비싼 옷이나 물건을 사들이지만 늘 불안하고, 시간이 없어서 창의적인 활동을 하거나 배울 수 없고 심지어 가족이나 친구들과 어울릴 틈도 없다. 그저 긴장을 풀기 위해 술을 찾을 뿐이다.

사람들이 모두 냉담하고 무감각하다면 동정과 연민을 느끼기 힘들다. 부패한 금융인과 정치가, 범죄자와 불법으로 특혜를 누린 사람은 동정할 가치가 없어 보인다. 한편 모두가 텔레비전을 보고 비디오게임을 하며 서로를 고소하느라 바쁘다면, 사회자본을 쌓기 힘들다. 상당수의 사람들은 이웃의 이름조차 모른다. 불황인 시대에는 도덕적 가치가 사치스럽게 여겨질 뿐이다.

세상은 마음 챙김을 필요로 한다

현대인의 생활에는 마음 챙김이 결여되어 있다. 하지만 포기할 필요는 없다. 미국의 정치가 찰스 W. 토비Charles W. Tobey는 이렇게 말했다. "오늘날 국가가 잘못 돌아가는 것은 개인들의 잘못이 쌓인 결과다." 이는 마음 챙김과 동정심이 가득한 세상에서 살고 싶다면, 우리 각자가 더욱 충만하고 서로를 동정하며 살아야 한다는 뜻이다. 문제는 어떻게 하면 그럴 수 있는가다.

자전거 타며
마음 챙기기

 마음 챙김을 배우는 것은 악기를 다루거나 외과 수술을 하거나 달 착륙선을 발사하는 등의 기술을 쌓는 것과 같다. 배운 것을 실제 생활에 적용하기 전에 통제된 환경에서 실력을 기르고 다지는 게 선행되어야 한다.

 우리는 명상을 통해 사물에 대한 호기심을 기르면서 그 효과가 일상생활뿐만 아니라 이를 넘어선 다른 활동까지 적용되기를 바란다. 하지만 아수라장과 같은 현대 생활은 우리의 존재를 잠식해 감각을 무디게 만든다. 주기적으로 명상을 하는 사람들조차 항상 마음 챙김의 상태를 유지하기는 힘들다. 일상에서 명상을 더욱 많이 실천할 수 있다면 얼마나 좋을까? 어디에서든 그 자리에서 준비와 실전의 차이 없이 곧장 명상에 돌입할 수 있다면 말이다.

바로 여기서 자전거가 등장한다. 자전거는 움직임과 명상, 호기심과 속도, 흙받기(자전거 바퀴 뒤에 덧대어 튀어 오르는 흙을 막는 장치—옮긴이)와 마음 챙김을 섞어놓은 꿈의 기계다. 자전거를 타면 몇 주 안에 불교 승려들이 수십 년 동안 갈고닦는, 그리고 위대한 아인슈타인이 자연스럽게 실천했던 '마음 챙김의 삶'의 기술을 습득할 수 있다. 그러니 자전거를 역사상 최고의 발명품이라 부르는 것도 당연하다. 단순하고 이용하기 쉬운 교통수단이면서 심리적으로 아주 높은 단계에 다다르도록 영감을 주기 때문이다. 그래서 나는 자전거를 기적이라고 부른다. 이 책은 어떻게 이런 일이 가능한지 설명하는 데 목적이 있다.

> **" 자전거
> 명상과 운동을
> 섞은 꿈의 기계 "**

자전거 타기의 긍정적 파급 효과

 자전거의 유일한 아쉬운 점은 드라마 〈닥터 후〉에 나오는 로봇 달렉과 마찬가지로 계단을 오르지 못한다는 것이다. 그래서 어디서든 항상 자전거를 탈 수는 없다. 하지만 자전거를 타고 출퇴근을 하고, 장을 보고, 바닷가에 바람을 쐬러 가고, 친구를 만나고, 아이를 학교에 데려다줄 수 있으며, 심지어는 지구 끝까지도 갈 수 있다. 자전거 여행이 활성화된 덕에 현대 사회는 자전거를 타면서 수행할 수 있는 마음 챙김으로 더욱 풍요로워질 것이다.

 자전거가 주는 긍정적인 영향은 그야말로 무한하다. 자전거는 일상과 마음 챙김 수행을 연결시켜줄 뿐 아니라, 전통적인 명상법에도 좋은 파급 효과를 준다. 다시 말해 자전거에서 내린 이후에도 하루 종일 마음을 챙기게 해준다. 자전거를 타본 사람이라면 자전거를 타고 나서 정신이 맑아지면서 진정되고, 몸에 활력이 도는 동시에 긴장이 풀려 집중력이 훨씬 높아진다는 사실을 알 것이다. 그뿐만 아니라 자전거 타기는 지역 공동체와 더욱 가깝게 연결해주고 훨씬 행복한 기분이 들게 한다.

 이점은 많지만, 가끔 자전거 애호가들이 너무 열성적이어서 성가실 정도로 이를 전도하려 하거나 심지어는 가르치려 들기도 한다. 하지만 자신의 비밀을 다른 사람과 나누려는 열정을 탓할 수는 없다. 교통 체증이 심할 때 자전거를 타고 쌩하니 지나가는 사람의 들뜬 미소가 마치 비웃음처럼 보인다며 화를 내는 냉소적인 사람도 있다.

자전거 타는 사람들이 점잖지 않아서 짜증이 날 때도 있다. 자전거를 탈 때 생각 없이 구는 경우가 많은데 인도를 달린다든가, 일방통행 도로에서 역주행한다든가, 밤에 안전등도 켜지 않고, '멈춤' 표지판을 무시하고, 음주운전이나 음악에 정신이 팔린다든가, 쏜살같이 달린다든가, 휴대폰으로 통화하면서 주행한다든가, 교통 규칙을 완전히 무시한다든가 하는 것이다. 하지만 마음 챙김을 위한 자전거 타기는 이런 부주의한 행동이 아니다.

어떤 의미에서 이런 사람들은 기회를 낭비하는 셈이다. 나는 자전거 타기의 진정한 소명이자 전문 분야를 마음 챙김을 수련하는 것이라고 생각한다. 예를 들어 푹 파묻혀서 낮잠 자기에 딱 좋은 해먹이 있다면 이를 최적화된 기능이 아니라, 그네나 트램펄린처럼 무모한 용도로 활용하는 것은 어리석은 일이다. 마찬가지로 자전거를 가장 잘 활용하는 방법은 마음 챙김을 위한 자전거 타기다.

_____ 균형을 잡다

자전거 타기는 잡념과 감각 또는 느낌에 사로잡히지 않고 개인적인 수준이든 사회적인 수준이든, 모든 세계관이 균형을 잡는 것이다. 전체 과정은 네 가지 일반적인 '태도'로 이루어지는데, 이 책에서 각각 한 장씩 다루겠다. 책을 읽어가면서 이 네 가지 태도가 균형을 이루는 데에 마음 챙김이 스며들어 있음을 알게 될 것이다.

1장에서는 '실용적인' 태도에 대해 알아볼 것인데, 실재를 이해하고 통제하며 예측하는 과학기술의 접근법이다. 2장에서는 '개성적인' 태도에 대해 살필 텐데, 여기서는 자신을 자유롭고 창의적이며 단호하게 표현하는 방법을 찾을 것이다. 3장은 '지역적인' 태도에 대해 고민하면서 단순성, 겸손함, 공동체를 지향하는 방법을 찾는다. 마지막 4장에서는 '세계적인' 태도가 무엇인지 탐색하면서, 국제적 통합과 공통된 인간성의 의미를 살핀다.

각 장은 각 태도에 대한 예시가 되는 아인슈타인의 성품을 보여주는 이야기를 소개하면서 자전거 타기를 통해 그 마음가짐을 따라갈 수 있는 방법을 알려줄 것이다. 아인슈타인의 삶은 마음 챙김의 요약판이었다. 이 네 개의 장을 통해 아인슈타인의 철학을 전체적으로 조망할 수 있으며, 소박한 자전거가 어떻게 우리가 균형을 이루도록 도와주는지 알 수 있다.

네 가지 태도

자전거를 타는 사람은 몸이 한쪽으로 지나치게 쏠리면 자연적인 균형이 흐트러진다는 사실을 안다. 이를 인간의 두뇌에 적용해, 앞에서 말한 네 가지 태도 가운데 하나가 각각의 방향을 나타낸다고 생각해보자. 뇌의 좌반구는 메커니즘과 규칙, 인위적인 체계의 이해를 담당하므로 실용적인 태도는 좌편향이라고 생각할 수 있다. 뇌의 우반구는 창조성과 자아 인식, 상상력을 담당하므로 개성적인 태도는 우편향이다. 후두부는 인간의 기본 감정과 욕구를 담당하기에 지역적 태도는 후편향으로 이해할 수 있다. 마지막으로 인간을 특징 짓는 전두엽(이마엽)은 더 넓은 맥락에서 인생을 바라보게 해주므로, 세계적인 태도는 전편향이라고 생각할 수 있다.

자전거를 타려면 중심을 잡아야 한다. 앞이나 뒤 또는 왼쪽이나 오른쪽으로 지나치게 치우치면 넘어지기 때문이다. 이것은 마음 챙김 자전거 타기의 기술이자 오늘날의 세상에서 균형을 잡는 핵심이다.

나는 어떻게 균형을 잃었다가
되찾았는가

청소년 시절에 나는 위대한 사상가, 창조적인 사람이 되기를 열망했다. 특히 아인슈타인처럼 말이다. 열성적으로 책을 읽었고 이론과 시, 철학적 단상을 꾸준히 기록했다. 물론 치기 어린 사색에 불과했지만 말이다. 그러나 역사적인 인물들로부터 영감을 얻는 것의 장점은 주변 사람들이 어떻게 생각하는지 신경 쓰지 않아도 된다는 데 있다.

예를 들어 당시에는 자전거 타기가 인기 있는 활동이 아니었지만 나는 개의치 않았다. 형이 괴짜라고 놀려대는 것을 감수해야 했지만, 버스로 30분이나 걸리는 것보다 자전거를 타고 10분 만에 등교하는 게 낫다고 생각했다. 요즘 형은 자전거 타기를 열렬히 즐기고 있다(내가 끊임없이 형에게 권했다). 아무튼 내가 괴짜였던 것은 사실이다. 그런 별명으로 불리면서 철학 박사를 마칠 때까지 학교를 다녔으니까.

──────── 길을 잃다

공부를 하면서 이유는 알 수 없었지만 나는 점점 균형을 잃어갔다. 자전거 타기를 멈추어서는 아니었다(사실 그랬지만). 인생이 순조롭게 흘러가다가 어디선가 멈추었다.

삶의 기준점들이 뒤틀렸다. 우정, 연애, 가족, 건강, 일, 생활방식이 틀어져버렸다. 문제가 쌓이는 동안 선택한 직업으로도 도움을 받지 못했다. 철학을 한다는 것은 대부분 인생의 딜레마와 역설, 수수께끼를 찾는 일이었으므로, 갈등과 모순이 용납되지 않았다. 나는 양극단 사이에서 이리저리 헤맸고, 어느 한 극단으로 너무 멀리 가거나 반대편에서 중요한 것을 간과하기도 했다. 내가 가졌던 야망조차 저주가 되었다. 아인슈타인 같은 위인들의 업적에만 집중했지, 내가 그들의 삶에서 배울 수 있는 것은 등한시했다. 그 순간에 집중하지 못했고, 긴장을 풀거나 현재의 자기 상태에 만족하지도 못했다. 결코 행복하지 않았다.

터닝포인트_____

어느 날, 완전히 바닥을 쳤다. 2009년 12월 어느 날 새벽 5시, 나는 런던의 어느 거리에서 얼굴을 땅에 처박은 채 잠에서 깼다. 머리가 핑핑 돌았고 눈물이 흘렀으며 혼자였다. 전날 술을 마셨다는 것을 빼고는 아무것도 기억나지 않았다. 차들이 씽씽 달렸고 모르는 사람들이 나를 넘어 지나갔다. 주머니에는 돈 한 푼 없었고 전화를 걸 만한 사람도 없었다. 인생의 수레바퀴가 완전히 궤도에서 벗어난 것이다.

이날 이후로 얼마 지나지 않아 나는 다시 자전거를 탔다. 왜 그랬는지는 모르지만 어렸을 때처럼 자전거를 타고 동네를 한 바퀴 돌았다. 저녁 즈음 작은 가게나 친구들 집 근처를 돌아다녔고, 어른이 된 이후 한 번도 가본 적 없던 런던의 곳곳을 탐색하기 시작했다. 조용한 운하나 멋진 도심 공원, 호기심을 자아내는 변두리 뒷골목을 돌아다녔다.

너무 아름답고 가능성이 흘러넘쳤다! 오랫동안 시끄러운 번화가와 더러운 창문 뒤에 숨어 있어서, 또는 익숙함이라는 치장 때문에 질문을 던지지 않았던 것이다.

기분 북돋우기_____

곧 내 안에서 다른 무언가를 발견했다. 향수가 느껴지는 감정은 즐거움이라고밖에 표현할 수가 없었다. 자전거 페달을 밟지 않고 언덕을 미끄러져 내려올 때라든지, 꽉 막힌 도로에서 부루퉁한 표정을 한 운전자들을 지나치며 심술궂은 쾌감을 느낄 때 일어나는 감정이었다.

가끔은 별다른 이유 없이 즐거워지기도 했다. 바람이 머리카락을 흐트러뜨린다든지, 눈부신 도시 경관이 미소 짓는 복음성가단원처럼 눈앞에서 좌우로 춤을 추거나, 신호등 아래서 자전거를 타는 동료들과 친근한 대화를 나눌 때가 그랬다. 곧 이 향수 섞인 감정이 희망을 북돋운다는 사실을 깨달았다. 나는 행복한 상태에서 미래를 바라보기 시작했다.

그래서 나라는 사람 자체가 바뀌었고, 서서히 지난날의 잘못을 바로잡아나갔다. 물론 자전거 타기가 모든 문제의 해

기운이 떨어질 때, 날이 어두워질 때,
하는 일이 지루하게 느껴질 때,
희망을 가져봤자 소용없다고 생각될 때,
자전거에 올라 길을 따라 훌쩍 떠나보라.
자전거 타는 데에만 집중하고 머리를 비우는 것이다.

°**아서 코넌 도일**

결책이라는 말은 아니다. 자전거 타기는 인생의 나머지 모든 것들로부터 숨 돌릴 틈을 주고 영감을 주는 조용한 장소를 제공했다. 자전거를 타면서 해답을 생각했고, 머지않아 자전거에서 내려서도 건설적인 결정을 내릴 수 있었다. 이런 일이 어떻게 눈덩이처럼 커졌는지 놀랍다. 황량한 인생에서 자전거를 탔던 즐거운 여행자는 진실한 내가 되었다.

———— 앞으로 나아가다

누구든 이 여정에 동참할 수 있다. 내가 자전거를 다시 타던 무렵 전 세계적으로 경제가 바닥을 쳤다. 모든 사회 체계가 엉망진창인 것처럼 보였다. 정부와 언론, 기업과 은행이 결탁했고 모든 사람이 서로를 비난했다.

주장과 반론이 난무하는 아수라장에서 탈출구는 없어 보였다. 하지만 몇몇 사람들은 해결법을 찾아냈다. 아인슈타인이 그랬듯, 익숙한 방해 요소에서 조용히 빠져나와 참살이가 깃들고 현대 생활의 혼란이 균형을 이루고 차분해지는, 잊혀진 샛길을 찾아낸 것이다.

아직 탈출구를 찾지 못했다면, 이 책은 정신없는 일상에서 자전거 타는 법을 가르쳐줄 것이다. 생각보다 쉽다. 자전거 타는 법은 한번 배우면 절대 잊어버리지 않는다.

1장

세기의 발명품이
등장하다

자전거 타기는 아인슈타인처럼
'실용적인' 태도를 갖추게 한다.
자전거의 기발한 디자인을 살피고
어떻게 그런 생김새가 되었는지 보다보면
이 발명품의 중요성을 깨닫는다.
또 자전거를 정비하는 법을 배워보면
각 부품이 어떻게 작동하는지 이해하게 되고
손으로 작업하는 즐거움을 누릴 수 있다.
이런 활동을 통해 과학적인 관점을 체득하고
살면서 맞닥뜨리는 문제를 더욱 잘 대비할 수 있다.
이것이 자전거 타기를 통해 할 수 있는
현실 세계에서의 마음 챙김이다.

하이휠러의 등장_
구식 자전거 가운데 가장 유명한 모델로 커다란 앞바퀴와 작은 뒷바퀴를 가진 눈에 띄는 탈것

현대의 우리는 그리스신화 속 허영심 강한 나르키소스처럼
물건 자체를 보는 대신 물건이 자신에 대해 설명하는 것에만 집중하는 경우가
많다. 멋지고 비싼 물건을 원하는 것은 그것에 관심이 있어서가 아니라
그것이 우리를 멋져 보이게 만들어준다고 생각해서다.
결과적으로 현대인의 생활은 세계로부터 자신을 차단하게 된다.

괴짜 과학자

한여름이었지만 미국 워치힐 바닷가 리조트에는 비가 거세게 내리기 시작했다. 휴가를 즐기던 아인슈타인은 지붕이 없는 컨버터블 자동차의 조수석에 앉아 이동하고 있었다. 비가 오자 그는 거리낌 없이 모자로 손을 뻗었지만, 사람들이 생각하는 방식은 아니었다. 머리에 쓰고 있던 모자를 벗어 코트 주머니에 넣어버린 것이었다. 운전하던 피터 버키(아인슈타인과 일한 방사선 기사 구스타프 버키의 아들로 그는 아인슈타인을 잘 따랐으며 16밀리 카메라로 그의 사생활을 촬영하기도 하고 여행도 같이 다녔다—옮긴이)가 그를 의아한 눈으로 쳐다보았다. 그러자 아인슈타인은 이렇게 설명했다. "내 머리카락은 예전에 물에 젖은 적이 여러 번 있지만, 내 모자가 젖어도 괜찮은지는 잘 모르겠어."

이런 엉뚱한 행동들은 아인슈타인이 헝클어진 백발 머리의 예측하기 힘든 괴짜 천재라는 대중적 이미지에 일조했다. 하지만 이 이야기에는 또 아인슈타인에게는 눈에 보이는 것보다 더 많은 것이 숨어 있다. 언뜻 그의 행동은 괴상해 보인다. 비가 오면 아끼는 모자가 물에 젖어 엉망으로 망가질 테지만, 그의 머리카락은 이미 헝클어진 상태다. 믿든지 말든지, 아인슈타인은 훌륭한 실용적 인식을 가졌던 셈이다.

그렇다면 이런 인식이 위대한 과학자가 되는 데 어떤 영향을 미쳤을까? 아인슈타인은 우주의 미묘함을 이해하는 데 일생을 바쳤고, 그의 행동은 상당 부분 평범한 사고방식을 넘어선 요인들에 기반을 두고 있었다. 심지어 결혼식 날 밤에 열쇠가 없어 집에 못 들어갔다든지, 시상식에서 자기 이름이 불리는데도 못 듣고 계속 박수만 친다든지 하는 어딘가에 정신 팔린 것이 분명한 행동은 그가 깊은 생각에 빠져 있었기 때문이다. 아인슈타인은 세상을 더 많이 아는 것에 몰두했으리라. 그는 이 세상 사람 같지 않게 기이했지만 사실 그 누구보다도 이 세상의 실재에 대해 잘 알고 있었다.

_____ 발명하는 삶

누군가의 발명품을 칭찬할 때, 만들어낸 특정한 기계나 과정에 대해 말하는 경우가 대부분이다. 하지만 누군가에게 '발명하는 삶'을 살았다고 표현한다면 그 사람의 전반적인 면모를 칭송하는 것이다. 이는 물질세계를 이해하고 연구하는 데 '종합적인' 재능을 가진 사람에게나 할 수 있는 칭찬이다. 아마도 아인슈타인을 위한 말일 것이다.

발명은 그의 천성과 양육 환경에 이미 내재되어 있었다. 1879년 독일 울름에서 태어난 아인슈타인은 태어난 지 얼마 되지 않아 전 가족이 뮌헨으로 이사를 갔다. 그곳에서 아인슈타인의 아버지 헤르만과 삼촌 야코프는 전자기기를 만들고 설치하는 회사를 세웠다. 1885년 무렵에는 200명의 직원을 거느렸고 뮌헨 시의 맥주 축제인 옥토퍼페스트에 처음으로 전구를 공급했다. 야코프는 엔지니어링 분야에서 특허 6개를 보유했다.

어린 아인슈타인도 비슷한 재능을 보였다. 14층짜리 카드로 만든 집을 짓기를 좋아했고, 아버지가 나침반을 선물하자 바늘을 고정시키고는 그것을 움직이는 힘이 무엇인지 알아보려고 했다. 어머니 파울리네가 여동생 마리아를 낳자, 아인슈타인은 훗날 그의 트레이드마크가 된 유별난 호기심을 드러내면서 "네, 그런데 아기는 어떻게 움직이죠? 바퀴라도 달렸나요?"라고 물었다.

학교를 다니는 동안에도 이런 행동은 계속되었고, 수학과 물리학에 뛰어난 재능을 보이며 언제나 교과서 범위 외의 것을 탐구하려 했다. 그를 가르치던 교사들은 아인슈타인이 보인 도를 넘는 호기심에 진저리를 쳤는데, 특히 실험실에서 폭발을 일으켰을 때 그랬다.

────── 과학계의 아웃사이더

아인슈타인은 발명에는 뛰어난 재능을 보였지만 학교 과정에는 관심이 없어서 결국 대학 조교수가 아닌 특허청 심사관으로 일하게 되었다. 3등기술자로 취직한 아인슈타인은 각 발명품의 장점을 판단하는 일을 했다. 이 직업은 이상적이라고 할 수는 없었지만 그는 나중에 이 시절을 긍정적으

모든 것은 가능한 한 단순해야 하지만
지나치게 단순해서는 안 된다.

°아인슈타인

로 평가했다. "그곳은 가장 아름다운 내 아이디어들을 부화시킨 세속의 수도원이었다." 아인슈타인의 상사는 그에게 호의적이어서 업무시간에 물리학 논문을 쓰는 것을 못 본 척 해주었다. 또한 다른 사람의 아이디어를 평가하는 일은 아인슈타인에게 과학자로서 귀중한 비판정신과 단순성을 높게 사는 것 그리고 가설이 현실과 실제에서 어떻게 펼쳐질지 상상하는 능력을 갖추게 해주었다.

그 결과 아웃사이더였던 아인슈타인은 상대성, 빛의 입자와 파동의 이중성, $E=mc^2$라는 방정식을 포함한 우아하고 강력한 일련의 새 이론으로 물리학계를 깜짝 놀라게 만들었다. 보통 사람들은 이런 아이디어를 이해하기 힘들었지만, 아인슈타인은 생생한 비유를 통해 자신의 수학이 현실 세계에 정착하게끔 언제나 노력했다. 예를 들어 집에 칠을 하다가 높은 곳에서 떨어진 페인트공이라든지, 텅 빈 공간을 뚫고 가속하는 엘리베이터, 광선을 따라 달리는 자전거 등이었다.

아인슈타인의 실재론

아인슈타인은 세계가 실제로 존재하며, 그 작동원리를 이해하기 위해 노력해야 한다고 믿었다. 이상하게도 어떤 사람들은 그에게 동의하지 않았다. 어떤 철학자들은 정말로 존재하는 것은 세계 그 자체가 아니라 사람들의 의견이라고 주장한다. 다시 말해, 누구는 에펠탑이 파리에 있다고 생각하고 또다른 사람은 런던에 있다고 생각한다면, 두 사람 다 옳다는 것이다. 그런데 이 주장대로라면, 아무 이야기나 지어낼 수 있으니 과학은 의미가 없어진다.

이런 관점을 '상대주의'라고 하는데, 사람들의 의견에 따라 실재가 '상대적'이 될 수 있다는 뜻이다. 아인슈타인은 상대성이론을 상대주의와 혼동하는 사람들에게 화를 냈다. 1919년 천문학자 아서 에딩턴(Arthur Eddington, 1882~1944: 천문학자이자 이론물리학자로 천체물리학과 우주론에 공헌한 바가 크다. 아인슈타인의 상대성이론은 과학자들 사이에서도 이해하기 어려운 이론으로 유명한데, 에딩턴은 이를 가장 잘 이해하는 사람 가운데 하나로 유명하다—옮긴이)은 아인슈타인의 이론이 진실임을 증명하는 증거 사진을 내놓았는데, 여기에 다른 사람들의 의견은 반영되지 않았다.

아인슈타인도 과학자 동료 몇몇이 그의 작업에서 특정한 결론을 이끌어냈을 때는 동요했다. 그것은 '불확정성 원리'였는데, 물리학자들의 관찰이 세계가 존재하는 방식에 영향을 줄 수 있다는 내용이었다. 그후로 40년간 아인슈타인은 불확정성 원리를 반박했다. 그는 "외부 세계가 인식하는 대상과 독립적으로 존재한다는 믿음은 모든 자연과학의 기초다"라고 주장했다.

아인슈타인의 주장이 너무 완고하다며 다른 과학자들에게 비판받았지만, 겸손하지 않다는 이유로 과학 이론을 비판하는 것은 옳지 않다. 과학은 세계에 대해 더욱 많은 것을 발견하려고 노력함으로써 과학에 대한 의심에 답한다. 이것이 아인슈타인의 놀라운 업적이 신뢰를 얻은 이유다.

이에 비하면 세계가 실제로 존재하는 것이 아니고 모든 의견이 동등하게 유효하다는 주장은 성의 없어 보인다. 어떤 이들은 진실을 마주할 수 없기에 상대주의자가 된다. 그리고 어떤 사람들은 그저 진실하지 않을 뿐이었다. 아인슈타인은 그의 이론을 반대하는 동료들에 대해 이렇게 말했다. "그들이 하는 말에 귀 기울이지 말고 하는 행동에 주의를 기울여보시오." 이는 사람은 실제로 행동할 때 세상을 더욱 진지하게 받아들인다는 뜻이다. 어떤 사람이 세계가 실제로 존재하지 않는다고 말한다면, 14층 창문에서 뛰어내려보라고 해보라.

아인슈타인의 세기

아인슈타인은 때때로 아버지의 엔지니어링 사업을 도왔다. 발명에도 취미가 있어서 소음 없는 냉장고, 낮은 전압을 측정하는 기계를 고안했고, 아이들을 위해 성냥갑과 끈으로 장난감을 만들기도 했다. 그렇지만 전문적인 직업 발명가가 되지는 않았다. 그는 '돈벌이라는 암울한 목표'를 위해 일하는 것을 싫어했다.

그리고 아인슈타인은 두 차례의 세계대전을 겪으며 기술의 부정적인 측면을 깨달았다. 심지어 미국 정부는 그의 이론을 이용해 원자폭탄을 만들어 1945년 일본에 투하하기도 했다. 아인슈타인은 과학이 "사람들을 죽이고 상처 입히는 수단"이 되었다고 경고했다. 한편 평화로울 때는 과학이 "삶을 조급하고 불확실하게 만들며, 인간을 기계의 노예로 만

진실은 상처를 준다.
안장이 없는 자전거에 뛰어 올라타는 것보다는 덜하겠지만
여전히 고통스럽다.

°영화 〈총알탄 사나이 2½〉(1991)에서 프랭크 드레빈 중위의 대사

드는 데다, 노동하는 시간을 길고도 지겹고 즐거움을 느낄 수 없게 바꾼다"고 보았다. 그렇기 때문에 아인슈타인은 과학이 언제나 보통 사람들의 삶을 더욱 나아지게 만드는 데 쓰여야 한다고 간청했다. "여러분이 도표와 수식을 놓고 숙고할 때 이 사실을 절대 잊지 말아야 합니다."

아인슈타인이 20세기 과학에 미친 영향은 독보적이다. 물리학에서는 아인슈타인이 돌파구를 마련한 덕분에 암흑성, 블랙홀, 반물질, 웜홀을 발견하기에 이르렀다. 반항적이었던 젊은 아인슈타인은 자신의 이론이 조금은 그 정체를 밝혀낸 기묘한 우주를 사랑했다. 하지만 이 조심스러운 발명가가 가장 영향력을 발휘한 분야는 기술이다. 아인슈타인이 과학적 발견에 헌신한 덕분에 오늘날 수십억에 이르는 인류가 기술 발전의 혜택을 받고 있다. 레이저, 혼합 시멘트, 에어로졸, 원자력 발전, 섬유광학, 반도체, 위성, 태양전지판, 컴퓨터, 유제품 생산 등을 비롯하여 많은 것이 있다. 그런데 자전거는 어떻게 만들어진 것일까?

사람이 끄는
기계 말

 말은 자전거를 좋아한다. 자전거 타기를 좋아하는 것이 아니라 자전거 덕분에 말들이 쉬게 되어 5,000년에 걸친 인류에 대한 충직한 봉사에서 놓여났기 때문이다. 아직도 말(그리고 역사가)을 괴롭히는 질문이 있다면, 아주 단순하고 쓸모 있는 기술인데도 자전거가 발명되기까지 왜 그렇게 오랜 세월이 걸렸는가 하는 것이다.

 바퀴가 발명된 시기는 말이 처음으로 길들여진 시기와 비슷하다. 무엇이 더 먼저인지 확인하기에는 너무 오래된 옛날이다. 메소포타미아 남부에서 쓰기 시작한 최초의 바퀴는 나무 원판 한가운데에 구멍을 뚫어서 마차의 축을 끼운 것이었다. 바퀴살이 달린 바퀴가 발명된 것은 기원전 500년경 이집트에서인데, 전차를 더욱 가볍고 빠르게 만들기 위해서였다. 19세기 초까지 바퀴 제작 기술은 거의 변하지 않고 이어져왔다.

19세기 초는 기술적으로 엄청난 발전을 이룬 때였다. 한 세기에 걸친 놀라운 탐구가 진행 중이었는데, 인간의 힘으로 움직이는 육상 교통수단을 개발하는 것으로 '사람이 끄는 기계 말'이라 불렸다. 가장 초기에는 닻(믿을 수 없고 불편한)을 사용하거나 심지어는 노예가 끌기도 했다(이는 편법이었다). 1819년 영국의 한 저술가는 "말이나 다른 동물이 끌지 않고도 이동할 수 있는 기계 또는 교통수단의 완성판"이 만들어진 현장을 목격하고 글로 남겼는데, "기계공학의 가장 자랑스러운 승리"라고 선언했다.

러닝머신

자전거의 발명은 일종의 여정이었다. 이어달리기처럼 오늘날의 자전거는 수없이 많은 발명가들의 손과 여러 단계를 거쳐 완성되었다. 나는 자전거를 탈 때 조금이나마 세상을 더 좋게 만들려 노력했던 이 모든 선구적인 자전거 발명가들을 떠올리곤 한다. 자전거가 꾸준히 발전해온 과정을 보면 위대한 발명은 완벽한 형태를 갖춰 뚝 떨어지는 것이 아니라 다양한 기술이 접목된 결과임을 알 수 있다. 여러 사람의 협력으로 이루어진 자전거 발명의 역사는 발명이 팀워크로 가속된다는 것도 일깨워준다. 한 사람의 아이디어가 다른 사람의 아이디어를 증폭시킬 수 있는 것이다. 이 과정에서의 우연들은 힘든 작업이 때로는 기묘한 방식으로 성공할 수 있다는 사실을 알려준다. 이 모퉁이를 돌면 어떤 놀라운 일이 기다리고 있을지 누구도 알 수 없다.

드라이지네, 초기의 자전거

자전거의 발전 여정을 처음으로 시작한 사람은 독일의 괴짜 남작이었던 칼 폰 드라이스Karl von Drais였다. 1815년 인도네시아에서 화산이 폭발해 약 9만 명이 사망하고 엄청난

나는 거인의 어깨 위에
서 있었다.

°아인슈타인이 그의 전임자들에 대해 한 말

화산재가 유럽까지 몰려와 태양을 가렸다. 농사는 흉년이 들었고 농부들이 굶주리는 말들을 쏘아 죽일 수밖에 없던 상황에서 드라이스가 사람이 끄는 기계 말을 발명해 문제를 해결했다.

'드라이지네Draisine'는 기본적으로 페달과 브레이크가 없는 자전거였고, 앞바퀴에는 방향을 조종하기 위해 막대 하나가 붙어 있었다. 바퀴에 부착된 철 조각을 빼고는 전체가 나무로 만들어졌다. 드라이스는 1817년 자신의 발명품을 발표하면서 '러닝머신'이라고 불렀다. 탑승한 사람은 발로 땅을 밀어내야 했고, 그렇게 한 발씩 밀면서 가속이 붙어 기계가 나아갔다. 언덕을 내려갈 때는 땅을 밀 필요가 없었는데, 드라이스는 이 의도치 않은 결과를 자기 발명품의 장점이라고 여기고 사람들 앞에서 활기찬 어린아이처럼 발을 들며 설명했다. 어쨌든 드라이스는 두 개의 바퀴로 균형을 잡고 추진력을 이용하는 원리를 발견한 것이다.

불행히도 이 발명품을 멈추는 작업은 즐겁지가 않았다. 탑승한 사람은 수치스러운 착륙을 겪어야 하는 경우가 많았고(우당탕 넘어지는 것을 말한다), 행인에게 돌진하기도 했다. 그 결과 유럽과 미국의 여러 도시에서 활발하게 생산되었지만, 러닝머신은 포장도로에서는 달리지 못하도록 여전히 금지되었으며, 사람들은 이 기계를 '멋쟁이 말'이라고 콧방귀를 뀌며 무시했다. 머지않아 드라이지네에 열광하던 사람들도 신발을 닳게 만드는 기계의 비효율성에 환멸을 느꼈다. 그렇게 50년 동안 자전거 개량은 사람들 머릿속에서 잊혀졌다.

────── 구식 자전거

이 기간에 엔지니어들은 바퀴 네 개짜리 탈것을 개발하는 데 집중했지만 성공하지 못했다. 퍼덕이는 날개가 달렸고 운전자가 뒷바퀴를 조종해야 하는 기계가 있는가 하면, 손잡이를 당기는 데 세 명은 족히 필요한 기계도 발명되었다. 재봉틀처럼 발판을 앞뒤로 밟아야 움직이는 마차도 있었으며, 심지어 바퀴가 네 개 달린 드라이지네처럼 발로 지면을 굴러 추진력을 얻는 것도 나왔다.

발명가들은 바퀴 두 개로 균형을 잡을 수 있다는 아이디어를 믿지 않았던 것 같다. 이런 편견은 수천 년 동안 자전거의 발명을 지연시켰다. 어떤 평론가는 인간의 힘으로 움직이는 쓸 만한 탈것이 만들어지리라는 전망 자체에 회의를 품기도 했다. 1832년 〈기계공학 잡지Mechanics Magazine〉의 편집자는 다음과 같이 말했다. "인간은 자연 그 자체에서 탄생한 기관차이므로, 크랭크나 바퀴를 덧붙인다고 해서 더 발전하지 않는다."

돌파구

크랭크 두 개와 바퀴 두 개는 안 된다고 한 편집자의 말은 틀렸다. 몇십 년이 지나 페달로 움직이는 크랭크를 앞바퀴에 연결한 단순한 장치가 덧붙어 바퀴 두 개가 달린 탈것이 멋지게 귀환했다. 페달을 번갈아 밟아 크랭크를 돌림으로써 균형을 유지한 채 앞으로 나아갈 수 있다. 러닝머신의 경우에는 언덕을 내려갈 때만 가능한 일이었다.

새 떼가 방향을 바꿀 때 어떤 새가 처음으로 방향을 틀었는지 말하기 힘들다. 마찬가지로 러닝머신이 자전거로 탈바꿈하는 과정에서 누가 돌파구를 만들어냈는지 말하기 힘들다. 혁신가들이 한꺼번에 등장했기 때문이다. 피에르 미쇼 Pierre Michaux는 1867년 파리의 가게에서 페달이 달린 자전거를 제작하기 시작했고, 나중에 이 발명품에 대한 우선권을 주

> **" 혁신가들은
> 한꺼번에
> 등장했다. "**

1장 세기의 발명품이 등장하다

장했다. 하지만 동업자와 형제인 에메 미쇼Aimé Michaux, 르네 올리비에René Olivier, 조르주 드 라 부글리즈Georges de la Bouglise도 이 발명품을 제작하는 과정에 공헌한 것이 확실하다. 파리에 살던 피에르 랄르망Pierre Lallement 역시 우선권을 주장했으며, 1866년에는 미국에서 비슷한 디자인의 발명품에 대해 특허를 얻었다. 스코틀랜드 사람인 개빈 달젤Gavin Dalzell과 커크패트릭 맥밀런Kirkpatrick Macmillan도 각각 수십 년 전에 막대를 이용해 페달을 뒷바퀴와 연결한 새로운 형태의 자전거를 개인적으로 만들었다는 주장이 이들이 죽은 후에 제기되는 바람에 이야기는 더 복잡해졌다.

확실한 사실은 페달 자전거가 1860년대 후반 파리에 처음 등장했고, 몇 년 지나지 않아 모든 대륙과 도시 어디에서든지 볼 수 있게 되었다는 것이다. 이 기계는 바퀴는 나무로, 프레임은 철로 만들어져서 승차감이 뼈가 흔들릴 만큼 거칠다는 이유로 '본 셰이커boneshaker'라는 별명이 붙었다. 하지만 러닝머신과 달리 구식 자전거는 곧 진화하기 시작했다. 사람들의 수요를 맞추기 위해 제작회사가 우후죽순 생겨났고, 승차감을 부드럽게 만들기 위해 용수철과 철제 바퀴살, 단단한 고무 타이어가 더해졌다. 브레이크와 관 모양의 프레임도 또다른 혁신이었다. 그뿐만 아니라 자전거 무료 강습과 실내 경륜장, 자전거 전시장, 클럽과 경주 등 자전거 타기를 촉진하는 새로운 노력이 더해지면서 회의적인 시선을 거두는 데 일조했다.

부자를 위한 위험한 장난감

당시 최고의 자전거에는 단점이 있었다. 가장 큰 문제는 앞바퀴를 좌우로 돌릴 때마다 페달도 같이 움직이는 바람에 타는 사람의 다리 역시 흔들린다는 점이었다. 그 결과 바퀴가 자전거 타는 사람의 허벅지 안쪽을 쓸거나 심하면 반대쪽 다리가 바퀴살 안으로 끌려들어가기도 했다. 많은 의사들이 위험을 경고했고, 특히 남성의 몸에서 가장 연약한 부위에 좋지 않다고 지적했다. 또한 당시의 자전거는 잘 망가졌고, 울퉁불퉁한 도로에서는 쉽게 나아가지 못했다. 잘 닦인 포장도로에서만 타야 했고, 행인들에게 돌멩이가 튀어 여전히 비난받기도 했던 터라, 러닝머신과 마찬가지로 한가한 부자들을 위한 위험한 장난감이었다. 그리고 자전거는 훨씬 더 위험하고 특권층을 위한 탈것으로 변하고 있었다.

하이휠러의 등장

구식 자전거 가운데 가장 유명한 모델을 꼽자면 하이휠

러다. 이것은 커다란 앞바퀴와 작은 뒷바퀴를 가진 눈에 띄는 탈것이었고, 당시에 유통되던 크기가 서로 달랐던 두 가지 동전의 이름을 따 '페니 파딩'이라는 별명이 붙었다. 이렇게 우스꽝스럽게 생긴 탈것이 실용적으로 여겨졌다면 요즘 사람들은 의아해할 것이다. 하지만 하이휠러는 경주용 자전거였을 뿐 아니라 최신 기술(고무 페달, 볼베어링, 가벼운 프레임)을 갖추고 있었고, 또한 현대적인 이름인 '자전거'라 불린 첫 번째 탈것이기도 했다.

하이휠러는 1870년대 중반 영국에서 첫선을 보였으며 10년 안에 전 세계로 퍼졌다. 이는 단순한 한 가지 이유 덕분이었다. 바로 페달이 앞바퀴 한가운데에 붙어 있어서 바퀴가 클수록 페달을 밟았을 때 앞으로 나아가는 거리가 길어졌다는 점이다. 앞바퀴는 점점 더 커져서 지름이 150센티미터에 이르렀는데, 이는 자전거 타는 사람의 다리가 바퀴 중앙에 닿을 수 있는 한계였다.

페달을 밟는 힘을 가장 강하게 전달하기 위해 하이휠러의 안장은 앞바퀴 바로 위에 달려 있었다. 몇몇 모델은 타는 사람이 자전거에 오르내리게 하려고 발판 사다리를 달기도 했다. 빠르게 페달을 밟지 않으면 자전거가 쓰러지기 쉬웠다. 하이휠러에 탄 사람은 곧 쓰러질 듯 위태로워 보여서 전력 질주하는 사람의 어깨 위에 목말을 탄 것과 비슷했다. 하이휠러에서 떨어지는 것을 '박치기'라고 했는데, 울퉁불퉁한 길이라든지 옆에서 바람이 불어올 때 또는 낑낑대며 자전거에 오르내릴 때 박치기는 피할 수 없는 위험한 경험이었다. 특정 집단만이 이 빠르고 위험한 탈것에 매력을 느끼곤 했는데, (항상은 아니지만 주로) 덩치가 좋거나 젊고 무모한 남성들이었다. 취미로 하이휠러를 타는 한 아마추어는 "대부분은 기린 같은 탈것에 올라가는 것을 혐오스럽게 본다"고 말하기도 했다.

더 많은 사람이 자전거를 타게 하려면 한 가지 방법밖에 없었다. 한 열성적인 지지자는 다음과 같이 말했다. "즉시 멈출 수 있고 흔들리지 않고 자전거에 앉을 수 있도록 만들면 자전거는 역사상 그 어떤 탈것보다도 널리 유행할 것이다."

안전 자전거

1880년대 초반에 거듭 해법이 발견되면서 유레카의 합창이 울려 퍼졌다. 상표는 서로 달랐지만(비씨클레트, 마블, 파이오니어, 앤텔로프, BSA, 험버 등) 이른바 '안전 자전거'의 초기 사례들로, 페달에 체인이 뒷바퀴로 연결되는 독특한 특징을 가지고 있었다.

이 모델들이 더 안전했던 이유는 두 가지다. 하나는 기어였는데, 페달을 밟으면 힘을 받는 톱니가 뒷바퀴의 톱니보다 크기 때문에 페달을 돌리는 속도보다 체인이 뒷바퀴를 돌리는 속도가 더 빨랐다. 그에 따라 페달의 힘을 최대화하기 위해 바퀴를 거대하게 만들 필요가 없었고 사람이 앉는 좌석 위치도 낮아졌다. 이렇게 자전거 타는 사람의 발이 땅에 닿아 자전거를 타고 내리고, 출발하고 멈추고, 천천히 가는 게 쉬워지자 자전거가 넘어질 가능성도 피해도 줄어들었다.

두 번째 혁신은 페달의 힘이 뒷바퀴로도 전해진다는 점이다. 그 덕에 자전거가 미끄러지는 일이 줄어들었고, 앞바퀴가 자유로워져서 앞바퀴 본연의 임무인 방향 조종을 잘할 수 있게 되었다.

로버 세이프티

초기의 안전 모델에 남은 문제가 하나 있다면 모양이 괴상했다는 점이다. 어떤 것은 앞바퀴가 너무 작거나 프레임이 복잡했다. 앉는 위치가 낮아져서 더욱 공기역학적으로 만들어져 더 빨라졌음에도 휘청거리는 일이 흔했다.

더욱 혁신이 이루어졌다. 1886년에는 존 켐프 스탈리John Kemp Starley가 로버 세이프티 모델을 완성했다. 이 모델은 앞

뒤 바퀴 크기가 거의 같고 마름모꼴의 단단한 프레임에 조정 가능한 안장과 핸들이 달려 있었으며, 뒷바퀴 체인의 안정성이 특징이었다. 3년 뒤에는 존 던롭John Dunlop이 압축 공기 타이어를 발명했다. 텅 빈 타이어 안쪽에 압축한 공기를 채운 것이었다. 이 모든 개량 덕분에 역사상 가장 안전하고 빠르며 가볍고 충격 없이 부드럽게 달리는 자전거가 나왔고, 바퀴가 두 개 달린 기본 형태는 오늘날까지도 바뀌지 않고 남아 있다. 미래가 도래했고, 대중은 열광했다.

자전거의 세기

1890년대 초반에 '사람이 *끄는* 기계 말'의 꿈이 마침내 실현되자, 전 세계 사람들은 자전거 타기에 폭발적인 반응을 보였다. 몇몇은 한때의 유행에 불과하다고 틀린 주장을 했고, 다른 사람들은 한 편집자가 말했듯이 "사람에게 다리가 달려 있는 한" 자전거가 계속 존재할 거라 예측했다. 아인슈타인을 20세기의 인물이라 부른다면 역사상 가장 인기 있는 개인 교통수단인 자전거는 세기의 발명품이다. 오늘날 전 세계 10억 대가 넘는 자전거가 있으며, 실용적이면서 오락적이고 또한 운동을 위한 목적으로 남녀노소가 자전거 타기를 즐긴다.

1910년대와 1940년대의 경제 불황에 자전거 타기의 인기는 절정에 달했다. 두 번의 세계대전과 1970년대 석유파동 때도 마찬가지였다. 세계사의 우여곡절을 거치며 자전거는 꾸준히 개량되었다. 뒷바퀴가 도는 동안은 사람이 페달을 밟지 않고 쉬어도 바퀴 전체가 굴러가는 기능이 흔해졌고, 여러 개의 기어와 속도를 바꾸는 장치인 변속기 같은 멋진 장비가 추가되었다. 핸들에는 캘리퍼 브레이크가 달렸고, 패드나 유압식 디스크를 통해 속도를 줄이는 힘이 전달되었다. 부착식 타이어는 타이어에 구멍이 나도 쉽게 수리할 수 있고 가황반응(생고무에 유황을 넣고 가열해 탄력성 있는 고무를 만드는 것—옮긴이) 덕분에 타이어의 고무가 더 튼튼해졌다. 프레임에는 알루미늄, 티타늄, 탄소섬유 같은 신소재가 사용되었고 페인트가 벗겨지지 않도록 에나멜로 가공되고 가벼운 플라스틱 부품도 쓰였다. 짐바구니나 전등, 헬멧 같은 유용한 액세서리도 나왔다. 다음번에 자전거를 탈 때면 잠깐 시간을 내어 이 발명품 안에 담긴 모든 혁신을 감상해보고, 우리가 즐겁게 자전거를 타기까지 얼마나 많은 이들이 공헌했는지 헤아려보자.

자전거의 형태도 다양해졌다. 예를 들어 접는 자전거(간편하게 휴대할 수 있는), 산악자전거(충격 흡수재와 두꺼운 타이어 덕에 비포장도로에서도 잘 달릴 수 있는), 전기자전거(페달을 밟는 데 배터리가 힘을 더하거나 조절판에 전기를 공급하는)가 그 것이다. 한편 누워서 타는 자전거도 나와 좌석이 지면에 더욱 가까워졌는데, 공기역학적인 효율이 높기 때문에 시속 130킬로미터까지도 속도를 낼 수 있다.

선구적인 기술

자전거 타기는 20세기 물질적 진보의 다른 형태에도 영향을 미쳤다. 예를 들어 자전거에 활용되었던 많은 선구적

자동차와 비행기가 출현하고도
자전거가 여전히 이용된다는 사실은 흥미롭다.
아마도 사람들은 자전거를 타고 주변 환경을 살피거나
공기를 들이마시는 것을 좋아하나보다.
혹은 자전거의 단순성과 정확성을 좋아하는지도 모른다.
어쩌면 숨 막히는 배기가스를 뿜어내거나
너무 많이 걷지 않고
자전거를 타고 잠깐 한 바퀴 휙 둘러보거나
집 주변의 공원을 한가롭게 도는 것을 즐기는지도 모르겠다.

°**거든 S. 리트**,
《**인용할 만한 자전거 애호가**》 중에서

인 기술이나 제작과 조립법이 자동차와 항공 산업의 발달에 도입되었다. 사실 헨리 포드Henry Ford를 비롯해 자동차 산업의 선두주자 가운데 일부는 자전거 기술자였고, 최초로 비행기를 만든 라이트 형제 또한 자전거 가게를 차려 일했던 경험이 있다.

자전거가 점점 인기를 얻으면서 전 세계적으로 자전거 수리점이 많이 생겨났는데, 이 과정 또한 자동차가 처음 도입되면서 주유소가 세워질 때 참고가 되었다. 게다가 자전거 타는 사람들의 요청으로 넓고 잘 닦인 고속도로가 이곳저곳에 만들어졌기 때문에 나중에 엔진 달린 교통수단이 달릴 수 있었다. 자전거는 개인적이면서도 자동적인 기동력을 강조한 결과, 현대 세계가 출현하는 데 필수적인 윤활유 역할을 했다.

자전거의 독창적이고
창의적인 면면 살펴보기

사람들은 현대 생활을 편리하게 만들어준 기발한 기계에 감사하는 법이 없다. 하지만 우리가 무심코 사용하는 기구 가운데 개발되는 데 수천 년이 걸린 것들도 있다. 그런데도 이것들이 만들어진 독창성은 생각하지 않는다.

다음에 자전거를 볼 기회가 있다면 잠깐 시간을 내어 이 멋진 발명품을 감상해보기 바란다. 체인을 보면, 베어링과 핀이 번갈아가며 맞물려 유연하지만 튼튼한 구조로 되어 있어 이것이 자전거 페달과 뒷바퀴의 톱니를 휘감는다. 페달이 축을 회전하면서 크랭크를 돌리는 모습은 지구가 태양 주위를 도는 동시에 달이 회전하는 모습과 같다.

핸들을 살짝 들어올리면 앞바퀴가 땅에서 들린다. 공중에서 바퀴가 돌아가는 것을 관찰하며 바퀴를 돌려보자. 바퀴살을 보면, 테니스공이 찌그러지듯이 바퀴가 땅에 부딪혀 변형되었다가 다시 원래의 형태로 돌아오게끔 한 것이 얼마나 기발한지 알 수 있다.

자전거의 핸들을 꺾으면 유연하면서도 단단한 관으로 된 프레임을 통과하여 프런트 포크(이륜차의 앞바퀴를 지지하며 현가장치의 역할을 한다— 옮긴이)가 미끄러지며 방향을 튼다. 브레이크는 필요할 때까지 가만히 기다리고 있다가, 케이블을 홱 잡아당겨 직사각형 고무가 바퀴 테두리를 꽉 붙잡으면 시간이 느려지기라도 하듯 자전거가 멈춘다.
접합 부분을 전문가의 손길로 용접한 마름모꼴 프레임도 대단하다. 속은 비었지만 자전거의 모든 부품과 프레임 자체를 단단히 지탱하면서 수십 킬로미터를 나아가게 한다.
자전거에 호기심을 가지면 몸만 아니라 마음도 실어나르게 된다.

현실과
조화를 이루다

가수 마돈나는 1984년에 발표한 노래 〈머티리얼 걸Material Girl〉에서 "우리는 물질만능주의의 세상에 살아가고, 나는 물질만능주의 소녀"라고 노래했다. 기술적 진보가 정말 축복인지 의문을 품은 사람이 마돈나가 처음은 아니다(마지막도 아니지만). 사람들은 지나치게 '물질주의'적인 문화가 만연하는 건 아닌지, 물질에 대한 욕심이 지나친 것은 아닌지 의심한다.

하지만 물질주의가 현대인들의 태도를 가리키는 적절한 단어가 아니라는 점은 확실하다. 왜냐하면 먼저 과학자가 아닌 이상 우리는 일반적으로 우리의 소유물이 어떻게 작동하는지에 대해 이해하지 못한다. 따라서 그것이 물질적이라는 사실에 주의를 기울이지 않는다. 노트북이며 세탁기, 심지어는 칫솔에도 첨단 기술이 응용되는 이 시대에 대부분의 물건들은 흥미를 자극하기보다는 우리를 당혹스럽게 만든다.

여기서 현대의 여러 생산품에 대한 우리의 자기만족적 태도가 나타난다. 호수에 비친 자기 모습에 홀렸던 그리스 신화의 허영심 강한 청년 나르키소스처럼, 물건 자체를 보는 대신 물건이 자신에 대해 설명하는 것에만 집중하는 경우가 많다. 가장 멋진 도구와 최신 유행하는 옷 또는 우아한 가구를 원하는 것은 물질적 대상에 흥미가 있어서가 아니라 그것이 우리를 멋져 보이게 만든다고 생각하기 때문이다.

결과적으로 현대인의 생활은 세계로부터 자신을 차단하곤 한다. 많은 상품이 인공적인 장애물을 만들어 주변에서 일어나고 있는 일에서 우리를 떼어놓는다. 가상현실은 가장 극단적인 사례로 비디오게임이나 소셜네트워크서비스, 텔레비전 프로그램을 통해 가짜 경험을 즐기게 한다. 그러나 우리의 눈을 가리는 전혀 명백하지 않은 사례들도 있다. 예를 들어 이어폰은 주변의 자연스러운 소리와 소음으로부터 우리를 차단하고, 비닐 랩으로 꽁꽁 포장된 음식은 그 원료들과 관련이 없다. 또 신용카드는 필요한 돈을 빌려주어 현재

상황에서 벗어나게 해주겠다며 약속한다.

비물질적인 태도

물질에 관심이 없기 때문에, 우리 가운데 상당수가 혼란스러워하거나 자만심에 빠지고 격려된다. 이런 태도를 가리키는 적절한 단어는 물질주의가 결여된 상태인 비물질주의일 것이다. 기술이 발달할수록(이는 좋은 것이다) 비물질주의 역시 발전한다(이는 나쁜 것이다).

이런 상관관계는 기술 진보에 대한 아인슈타인의 의구심을 설명한다. 기계에 의존하지만 이를 이해하려 하지 않는다면 기계의 노예가 된다. 기계가 현실에서 눈을 가리고 불편하게 만들기 때문이다. 세상에 대한 호기심을 갖는 것을 잊을 때마다 삶은 조급하고 불확실해진다. 오랜 시간 기운 빠지게 일을 하지만 필요한 것보다 많은 돈을 벌 뿐이고, 멋져 보일 거라는 생각에 꼭 필요하지도 않은 물건을 구입한다. 다른 사람보다 한발 더 나아가려 노력하는 즐거움을 포기할 때 노동의 기쁨 없이 일만 하게 될 뿐이다.

비물질주의는 자전거 타기에 대해 부정적이다. 자전거는 실용적인 문제에 신경 쓰지 않는 이들에게는 매력적이지 않기 때문이다. 그런 사람들은 독특해지는 것을 두려워하며 불쾌한 것을 제거한 세상의 안락함을 더 좋아한다. 자동차를 운전하는 사람 대부분은 화려한 자동차의 앞 유리에 달린 내비게이션의 지시만 따를 뿐 보닛은 절대 열어보려 하지 않는다. 이들에게는 자전거 타는 사람들이 과거의 유물에 집착하는 괴짜처럼 보일 수 있다.

하지만 차가 밀려 꼼짝도 못하거나 엔진이 고장나거나 연료가 떨어졌을 경우, 자전거를 즐기는 현명한 사람들이 쌩 하고 지나가며 결국 현재에 갇힌 사람이 누구인지 보여준다. 상황이 역전되는 흔한 장면이다. 물질주의는 하나의 덕목이고, 자전거를 타는 사람들은 그것을 누구보다 잘 보여준다. 물리적으로도 정신적으로도, 자전거를 타면 현실과 조화를 이룰 수 있다.

> **자전거를 타면 현실과 조화를 이룰 수 있다.**

_____ 완벽하게 들어맞다

축하 카드에 그려진 것과는 달리 개구리는 자전거를 타지 못한다. 고양이도 마찬가지다. 원숭이는 놀랄 만큼 자전거를 잘 탄다. 물론 인간이 가장 잘 탄다. 하지만 원숭이보다 잘하는 것이 하나 더 있다는 승리감에 도취되어서는 안 된다. 인간이 잘 타는 이유는 자전거가 인간에 맞게 만들어졌기 때문임을 기억해야 한다.

올림픽 사이클 선수 존 하워드John Howard는 이렇게 말했다. "자전거는 흥미로운 탈것이다. 타는 사람이 엔진 역할을 하기 때문이다." 생각해보면 꽤 흥미로운 사실이지만, 자전거를 탈 때 우리는 완전히 자전거라는 기계의 일부분이 된다. 자전거를 타고 달릴 때 나는 가끔 내 몸과 자전거가 연결된 듯한 기분을 느낄 때가 있다. 손으로 핸들을 단단히 잡고 있으면서도 힘은 들어가지 않는다. 엉덩이에는 안장이 느껴진다. 높은 담벼락에 쪼그리고 앉은 기분이지만, 물에 둥둥 뜬 것처럼 매우 안정적이다. 발바닥이 페달에 가볍게 닿는 것이 느낌의 거의 전부다. 다리가 구부러졌다 쭉 펴졌다를 번갈아 반복하는 것을 인식하는데, 이 과정이 아주 매끄럽고 직관적이어서 마치 자전거가 내게 페달을 밟게 하는 것만 같다.

사실 하워드는 자전거를 탈 때 자전거의 엔진이 우리 몸에서 가장 힘센 부위에 연결된다는 사실을 덧붙여야 했다. 다시 말해 인간의 해부학적 구조에서 40퍼센트를 차지하는 부위인 다리다. 자전거는 사람의 힘에 맞춰져 있다. 탈 때 거의 힘을 들이지 않는 듯한 기분이 드는 것도 당연하다.

이뿐만 아니라 자전거는 우리의 운동능력을 최대화한다. 페달은 360도 가운데 60도 정도만 밟아 돌려도 잘 움직인다. 이는 근육을 쓰고 쉬는 최적화된 비율에 맞춰져 있어서다.

다섯 배 더 멀리 갈 수 있다

자전거의 최고 장점은 들인 노력을 놀랄 만큼 효율적으로 증폭시킨다는 점이다. 특정 거리를 걸을 때 드는 에너지로 자전거를 타면 다섯 배는 더 멀리 갈 수 있다. 다른 여러 동물과 비교했을 때, 자전거가 얼마나 효율적으로 에너지를 직선운동으로 전환하는지 과학적 연구가 증명해냈다. 인간은 자전거 없이 1킬로미터를 걸어가는 데 체중 1그램

자전거 타는 사람은
오늘날의 과학과 강철의 시대만이 낳을 수 있는
반은 살, 반은 철로 이루어진 존재다.

°**루이 보드리 드 소니에, 《자전거의 일반 역사》 중에서**

> **자전거는
> 우리가 들인 노력을
> 놀랄 만큼 효율적으로
> 증폭한다.**

당 0.75칼로리를 소모한다. 말이나 연어 같은 다른 동물에 비하면 꽤 효율적인 수치다. 하지만 자전거로는 1킬로미터당 에너지 소모량이 약 0.15칼로리, 즉 5분의 1로 줄어든다. 이 수치에 근접하는 동물은 없다. 그런데 더욱 놀라운 사실은 자동차나 제트비행기를 포함한 기계조차 이 수치를 따라오지 못한다는 점이다. 휘발유로 자전거를 움직인다면 1갤런(약 3.7리터)당 5,000킬로미터는 갈 수 있을 것이다.

자전거는 균형을 잡는 면에서도 우리에게 도움을 주는 것 같다. 만약 어떤 사람이 페달을 밟지 않은 채 자전거를 타고 언덕을 내려간다면 무의식적으로 핸들을 똑바로 하고 균형을 잡는다. 자전거는 보통 사람들에게 더 나은 삶을 선사하는 기술을 고집했던 아인슈타인을 만족시키는 기계였다.

_____ 단순한 자전거들

자전거는 또한 발명가는 가능한 한 가장 단순한 물건을 만들어야 한다는 아인슈타인의 생각을 만족시키는 기계였다. 그동안 자전거에 대해 들어본 적이 없는데 누군가가 매우 많은 장점을 지닌 놀라운 탈것에 대해 말해주었다고 해보자. 그러면 대부분은 영화 〈스타워즈〉에 나올 법한 초현대적 기계를 떠올릴 것이다. 그런데 마름모꼴의 관 프레임에 한 쌍의 바퀴가 붙은 탈것이라니, 초등학교도 들어가기 전의 꼬맹이에게나 어울린다고 생각할지도 모른다. 하지만 결코 그렇지 않다. 나는 가끔은 너무 단순해서 생각해내지 못한 다른 놀라운 발명품이 발견되기만을 기다리고 있지는 않을까 하는 생각을 한다.

자전거의 단순성이 지닌 장점은 누구든 작동법을 이해할 수 있어서, 누구든 규칙적으로 자전거를 타는 데 필요한 실질적인 기술을 익히는 것이 가능하다는 점이다. 또 타이어에 난 구멍을 어떻게(그리고 언제) 메워야 하는지, 브레이크

자전거는 인간의 대사에너지를 움직임의 저항값에
완벽하게 대응시키는 변환기다.
이 탈것에 올라타면 인간은 이 세상 모든 기계
그리고 모든 동물보다 효율적으로 움직일 수 있다.

°**철학자 이반 일리치**

패드를 꽉 죄거나 교체하려면 어떻게 하는지, 체인을 청소하거나 바퀴를 갈아 끼우는 법을 배우는 과정에서 물질적 대상을 다루는 데 능숙해질 수도 있다. 이는 오늘날 사람들은 거의 습득하지 않는 기술이다. 이런 보수관리 작업이 까다롭다 하더라도, 자전거를 타는 사람은 자전거포에 가서 어떤 작업이 필요하며 그 작업을 어떻게 해야 하는지 명확하게 설명할 수 있다. 자전거는 실용적인 인식과 손으로 하는 경험을 북돋우기 때문에, 현대 사회에서 요구하는 더 복잡하고 당혹스러운 도전 과제를 다룰 때 필요한 자신감을 키우는 데 도움을 준다.

유비무환 태도 기르기

자전거를 통해 기를 수 있는 또다른 긍정적인 특징은 준

자전거는 모든 사람이 이해할 수 있는 최후의 기술적 진보다.
자전거를 타면 누구든 이것이 어떻게 움직이는지 알 수 있다.

°스튜어트 파커, 《스튜어트 파커: 희곡 1권》 '바퀴살 노래' 중에서

비성이다. 자전거를 타는 사람은 출발하기 전에 경로를 계획하고 모자나 장갑, 전등, 헬멧, 여벌 옷, 방수복 등 어떤 준비물이 필요할지 생각해 이를 미리 정리하고 예측해야 한다.

가끔은 최적화하여 준비해야 하는데, 자전거 타는 사람이라면 이에 익숙하다. 이는 상황에 맞게 여러 조건을 조정하는 태도로, 자전거를 최대한 활용하도록 조정하거나(예를 들어 최적의 안장 높이는 안장에 앉아 다리를 쭉 뻗었을 때 발꿈치가 페달에 닿을락 말락한 높이), 자전거를 최대한 잘 탈 수 있도록 몸을 조절하는 것이다(건강한 생활습관과 식단 조절).

노력과 보상

자전거 타기는 진취적인 정신과 연관되곤 한다. '자전거를 타라'는 문구는 기업가가 될 사람이나 실업자, 게을러빠진 사람을 회유하는 상투어다. 물론 본질적으로 건전한 충고다. 자전거와 약간의 준비물만 있으면 사실상 누구든 성공할 수 있다. 언덕을 오르는 단순한 행동이라도 인내심을 북돋우고('언덕일 뿐이야, 견뎌내!'라고들 한다), 이어지는 내리막길에서는 힘들이지 않고 저절로 굴러가는 즐거움을 누릴 수 있다. 이는 노력과 보상의 연관 관계를 강조한다.

자전거를 진취적으로 이용하는 또다른 방법은 더 일상적

이다. 우편집배원과 택배기사, 응급요원은 여전히 자전거를 이용한다. 이렇게 열심히 일하는 사람들이 세상을 제대로 굴러가게 한다.

──────── 자전거는 자전거다

자전거를 타는 사람은 겉으로 보이는 것에 신경을 쓰지 않는 경향이 있어서 자신의 자전거에 도취되지 않는다. 다른 식으로 설명한다면, 자전거 타기에는 자아도취를 막는 면이 있다.

스튜어트 파커Stewart Parker에 따르면 '자전거는 자전거다'. 이 표현은 운동화라든지 찻주전자, 프린터, 다리미판 같은 다른 물건에 대해서도 참이다. 특정 기능을 수행하기 위해 만들어진 물건이면 무엇이든 가능하다. 하지만 어떤 기능이 있는 물건이라고 해서 꼭 그 기능만 수행하는 것은 아니다. 운동화를 생각해보자. 많은 사람이 운동화가 그것을 신은 사람이 얼마나 멋쟁이인지를 단적으로 보여준다고 생각한다. 내가 어렸을 때 던롭 그린플래시라는 신발은 패배자를, 나이키 에어는 승리자를 뜻했다. 두 상표의 품질은 그다지 차이가 없었지만 하나는 저렴하고 다른 하나는 비쌌다. 오늘날에는 과거 그 어느 때보다 사회적으로 인정받는 상표를 구매하려는 경향이 짙다.

일반적으로 자전거를 타는 사람들은 어째서 유행하는 자전거에 돈을 더 지불하려 하지 않을까? 내 생각에 그 이유는 여러 모델 사이에 질적 차이가 매우 크기 때문이다. 얼마나 잘 설계되었는가에 따라 타는 데 힘이 들 수도 있고 행복할 수도 있다. 속도나 부드러운 승차감, 효율성 같은 요인이 자전거의 질을 높여주기 때문이다(불행히도 많은 사람이 고물 자전거를 한 번 타보고는 자전거 타기를 포기한다). 중요한 것은 자전거에 관심을 기울일수록 우선순위는 자아도취가 아니라 자전거가 얼마나 잘 나가느냐가 된다는 점이다. (물론 잘 정비된 자전거를 뽐내려는 사람도 있다. 하지만 이런 경우라도 소유주보다는 자전거가 초점이다.)

유행보다는 기능에 초점을 맞추는 방법을 아는 것은, 광고가 날이면 날마다 우리에게 주입시키는 터무니없는 장밋빛 약속에 현혹되지 않고 냉혹한 현실을 깨닫게 해준다. 그래서 자전거를 타면서 '그 제품이 정말 내가 가진 것보다 좋을까' 하고 고민하는 법을 배울 수 있다. 또한 핸드폰에서 소파, 초콜릿, 운동화에 이르기까지 특정 상표의 이미지에 웃돈을 지불하는 것이 낭비라는 사실도 깨닫는다. 그렇게 자전거 타기는 우리를 비물질주의에서 벗어나게 해준다.

_____ 세상과 하나되는 즐거움

자전거를 타기 시작한 입문자는 흔히 '폭우 속 깨달음'을 경험한다. 이는 자전거를 타다가 폭우를 만날 때 일어난다. 예상치 못하게 비에 흠딱 젖으면, 대개 긴장하고 자신의 불운함에 저주하며 이 상황에서 빨리 벗어나기만을 바란다. 하지만 자전거를 타는 동안 신기한 일이 일어나는데, 비를 맞는 경험이 엄청나게 즐거울 수 있다는 것이다. 아마 빗물이 상쾌해서일 수도 있고, 그냥 기분 좋을 수도 있다. 아니면 세상이 비에 젖어 아름답게 일렁이기 때문일 수도 있다.

나는 여기에 좀더 심오한 것이 포함되어 있다고 생각한다. 폭우 속 깨달음이란 하늘이 무너질 것 같은 일이 생긴다 해도 사실 별 문제 아니라는 것을 깨달음으로써 불안감에서 해방되는 것이다. 우리는 세상으로부터 차단되는 데 익숙해져 있는 탓에, 가끔은 밖으로 나가 직접 세상의 일부가 되는 즐거움을 잊어버리고 산다. 그런데 자전거를 타면 그 즐거움을 다시 느낄 수 있다.

> **우리는 가끔씩 바깥으로 나가 직접 세상의 일부가 되는 즐거움을 잊어버리고 산다.**

자전거 타고
세상 속으로

 소년 시절에 나는 자전거와 밀접히 연관된 실용적인 기술을 배웠다. 어렸을 때의 가장 좋은 추억은 아버지가 차고에서 낡은 BMX 자전거 수리법을 가르쳐준 일이다. 나중에 10대 때는 '머디폭스'라는 산악자전거 덕분에 매일 학교 가기 전에 신문 배달을 마칠 수 있었다. 가끔은 사정이 생겨 걸어 다녀야 할 때도 있었는데, 신문이 든 무거운 가방을 들고 터덜터덜 걷다보면 자전거 생각이 더욱 절실해졌다. 과거를 돌아보면 나는 꽤 부지런한 아이였다. 그러다가 철학을 만났다.

그래서 열심히 일하지 않게 되었다는 말이 아니다. 오히려 더욱 열심히 일했다. 그러나 내가 가진 에너지를 해답이 없는 문제들을 푸는 데 돌렸다. 신나고 흥미로웠지만 그 문제들은 실용적인 기술로는 풀리지 않았다. 혹은 자전거를 타도 그랬다. 답 없는 문제를 풀기 위해 아무것도 할 수 없고 어디도 갈 데가 없었다.

철학 공부를 계속하는 동안, 나는 상대주의자들을 많이 만났다. 어떤 여학생은 내 몸이 실제로는 존재하지 않는다고 주장했다. 실재하는 것이 아니라 존재한다고 믿을 뿐이라는 말이었다. 어떤 이들은 바깥세상에 대해 완전히 잊은 듯 행동했다. 어떤 남자는 주전자에 물을 끓이는 방법도 몰랐다. 정말이다.

각설하고, 박사 논문을 쓸 당시에 나는 실재, 즉 현실 세계에 대해 충분히 잘 알지 못했다. 아인슈타인은 자신이 거인의 어깨 위에 서서 물리학의 돌파구를 찾아냈다고 말했지만, 내가 의지했던 거인들은 머리를 구름에 파묻고 있었다. 결국 나는 땅으로 쿵 떨어질 수밖에 없었고, 재빨리 많은 것을 해결해야 했다.

운 좋게도 나는 자전거 타기를 다시금 발견했고 덕분에 배우는 속도가 다섯 배나 빨라졌다. 자전거는 현실적인 마음가짐(실용적이고 준비성 있으며 진취적인)을 북돋고, 이내 삶의 다른 영역도 활짝 피어나게 했다. 나는 사업을 시작하기로 마음먹었고, 자전거가 내 영감의 원천이었기 때문에 자전거 타기를 권장하는 무가지 〈사이클 라이프스타일〉을 창간했다. 원점으로 다시 돌아온 것이다. 나는 자전거를 타고 현실 세계로 돌아왔다.

다음은 내가 좋아하는 선시禪詩 가운데 한 수다. 이 시는 실재에 대한 현실적인 감상으로 끝맺지만, 고향에 도착하는 고양된 기쁨 또한 표현하고 있다.

여산의 안개비,
그리고 절강의 물결이여
그곳에 가보지 못했을 때는
수만 가지 후회가 들었지만
가보고 다시 돌아오니
별다른 것은 없고
여산의 안개비,
그리고 절강의 물결이었네.

_소동파, 〈여산연우廬山煙雨〉

2장

페달을 밟지 않고
달리다

자전거 타기는 아인슈타인처럼
'개성적인' 태도를 길러준다.
자유롭게 탐험하며 아이처럼 즐거워하다보면
독자성을 재발견할 수 있다.
몸을 움직이면 마음도 깨어나고
창의성과 상상력을 북돋는 여행이 시작된다.
자전거를 타는 리듬이 우리를 편안하게 하고
더 큰 결정으로 나아가도록 영감을 준다.
도로의 반항아가 되어 자유롭게 생각하고
당당하게 자신을 표현할 수 있으며
무엇이 될 수 있는가, 하는
자신의 잠재력을 깨닫게 된다.

$$\eta^* = \eta(1+\tfrac{5}{2}\varphi) \quad F = \tfrac{d}{dt}(mv) \quad \omega = 2\overline{v}f$$

$$\eta \to \eta^* \quad = v\tfrac{d}{dt}\left(\tfrac{m_0}{\sqrt{1-\tfrac{v^2}{c^2}}}\right)+ma \quad pV = nRT$$

$$mu\,du\,\dot{u}^2\,dm = c^2 dm \quad \Delta T_V = -\tfrac{1}{2c^2}\sum_{i=1}^{k} v_i^2 \Delta T_i$$

$$u'=c \quad K = \int(mu\,du\,\dot{u}^2\,dm) \quad mc^2 - m_0c^2$$

$$K = \int c^2 dm = c^2(m-m_0) \quad E = mc^2$$

$$D = \mu k_B T \quad u = \tfrac{u'+v}{1+\tfrac{u'v}{c^2}} \quad (1-v^2/c^2)^{-1/2} \approx 1\,1/2\, v^2/c^2$$

$$\Delta m = \tfrac{\Delta E_0}{c^2} \quad \text{Einstein's} \quad x = x_0(1-[(v^2)/(c^2)])^{1/2}$$

$$\tfrac{c+v}{1+\tfrac{cv}{c^2}} \quad \text{formula} \quad \tfrac{(c+v)c}{(c+v)} = c$$

$$m^2c^2 - m^2u^2 = m_0^2 c^2 \quad m = \tfrac{m_0}{\sqrt{1-\tfrac{v^2}{c^2}}} \quad K = \int F\,dx$$

$$P = \tfrac{mv}{\sqrt{1-v^2/c^2}} \quad d(m_0 u / \sqrt{1-u^2/c^2})\,dt \quad F = d(mu)/dt$$

$$\sum m_i v_i = \sum m_f v_f \quad \Delta t = \tfrac{\Delta t_0}{\sqrt{1-v^2/c^2}}$$

$$-\nabla p = \rho\tfrac{\partial v}{\partial t} + (v\cdot\nabla)\rho v \quad m = m_0/\sqrt{1-u^2/c^2} \quad pV = \tfrac{V}{N_A}kT$$

$$m = m_0/\left[(1-[v^2/c^2])\right]^{1/2};\ m_0 \quad E = \tfrac{mc^2}{\sqrt{1-v^2/c^2}} \quad p = n\tfrac{RT}{N_A} = \tfrac{RT}{M}\rho$$

과학계의 아웃사이더 아인슈타인이 발표해 물리학계와 세상을 놀라게 만든
우아하고 강력한 일련의 새 이론인 상대성, 빛의 입자와 파동의 이중성, E=mc² 방정식

동시대 다른 학자와 다르게 아인슈타인은 거리낌이 없었고
겁을 내지 않았다. "한 번도 실수하지 않은 사람은 새로운 것을 한 번도
시도하지 않은 사람이다." 또한 "권위에 대한 어리석은 믿음이야말로 진리를
구하는 데 최악의 적이다." 그는 적극적으로 반항했으며
"뻔뻔함이여, 영원하라. 그것이 이 세상에서 내 수호천사다"라고 했다.

밖으로
나가다

취리히의 어느 조용한 여름날 저녁, 오래된 다락방에서 갑자기 피아노 소리가 흘러나왔다. 옆집에는 위대한 물리학자가 말없이 공부 중이었다. 아직 대학교 시험을 통과하지 못했기 때문이었다. 청년은 귀 기울여 음악을 듣다가 의자에서 일어나 하숙방을 나와서는 음악이 흘러나오는 근원을 찾았다. 집주인도 음악이 들리는 곳을 찾다가 그를 불러 세웠다. "아인슈타인 씨!" 청년은 나무로 된 물건을 휘두르며 이웃집 계단으로 쏜살같이 올라갔다. 그가 벌컥 문을 열자, 나이가 지긋한 여성이 당황해서는 피아노에서 고개를 들었다. 아인슈타인은 "연주를 계속하시죠"라고 청했고, 그녀가

다시 연주하자 자신은 바이올린을 켜며 합주하기 시작했다. 소나타 곡은 모차르트 것이었지만, 그 순간만큼은 아인슈타인의 것이었다. 그는 뻔뻔했지만 자유로운 영혼이었고 최고로 창의적이었다.

자유로운 영혼은 뻔뻔함에 적합하고, 뻔뻔함은 창의성에 적합하다. 어린 시절은 이런 특징이 만개하는 때이지만, 아인슈타인은 유별났다. 막 유아기를 지났을 무렵, 그는 독일 군대가 뮌헨 시내를 행진하는 모습을 보았다. 다른 어린아이들은 거리로 쏟아져나와 행렬에 동참하고 싶어 했지만 아인슈타인은 그다지 인상적으로 여기지 않았다. 그는 부모에게 이렇게 말했다. "내가 어른이 되면 저런 불쌍한 사람이 되지는 않을 거예요."

아인슈타인의 자유로운 영혼이 처음 마주친 권위자는 학교 선생님이었다. 그중 한 명은 아인슈타인에게 그렇게 인내심이 없으면 교실에서 환영받지 못할 것이라고 경고하기도 했다. 나중에 그의 대학교수는 "언제나 내가 지시한 것이 아닌 무언가를 하고 있었다"고 투덜댔다. 아인슈타인의 천재성이 확실하게 드러나자 사람들은 그를 추켜올렸다. "자네는 굉장히 영민한 사람이네. 아주 똑똑하지. 하지만 큰 단점이 있어. 남의 말을 전혀 듣지 않는다는 것 말이야."

아인슈타인은 호기심을 말살한다고 생각해서 시험을 특히 증오했다. "그 과목을 좋아하든 그렇지 않든 상관없이 모든 내용을 머릿속에 욱여넣어야 하다니. 개인의 자유 행위와 책임감에 기초한 교육이야말로 외부 권위에 의존하는 교육보다 우월하다."

──────── 절대 나이 들지 않는 젊은 영혼

젊은 아인슈타인의 자유분방함은 강렬했을 뿐 아니라 평생 계속되었다는 점에서 놀랍다. 아인슈타인은 나중에 친구에게 이런 편지를 남겼다. "자네나 나 같은 사람은 절대 늙지 않는다네. 우리가 태어난 세상의 커다란 수수께끼 앞에서 호기심 많은 어린아이처럼 끊임없이 기다릴 뿐이지."

결국 아인슈타인은 자신이 이룬 대단한 과학적 성취가 끊임없이 순수하게 접근한 덕분이라고 밝혔다. "보통의 어른은 시간과 공간에 대한 문제로 골치를 썩는 법이 결코 없다. 어렸을 때나 그랬을 것이다. 하지만 나는 너무 늦된 아이여서 어른이 되고 나서야 시간과 공간의 문제를 궁금해하기 시작했다. 결과적으로 보통 아이들보다 그 문제를 더 깊게 파고들었다."

아인슈타인은 다른 어른과는 달리 위험을 감수했다. 동시대의 다른 이론가 가운데 상대성이론을 거의 발견했던 사람도 있었지만, 그들은 망설였다. 하지만 아인슈타인은 거리낌이 없었다. 우선 그는 틀리는 것을 겁내지 않았다. "한 번도 실수하지 않은 사람은 새로운 것을 한 번도 시도하지 않은 사람이다." 또한 전통을 거부하는 것도 두려워하지 않았다. "권위에 대한 어리석은 믿음이야말로 진리를 구하는 데 최악의 적이다." 때로 아인슈타인은 적극적으로 반항했으며 이를 가장 훌륭한 자산이라고 여겼다. "뻔뻔함이여, 영원하라. 그것이 이 세상에서 내 수호천사다."

자신의 이론이 세상에 널리 알려진 뒤에도 아인슈타인의 세계관은 크게 바뀌지 않았다. 한번은 아인슈타인이 여러 번의 열정적인 강연을 마치고 프라하에서 또다른 강연을 한 적이 있었다. 질문에 답변해야 할 때가 되자 아인슈타인은 특유의 불손한 방식으로 답했다. "여기서 내가 강연하는 대신 여러분들을 위해 바이올린을 연주하는 편이 더 즐겁고 이해하기 쉬울 겁니다." 아인슈타인은 놀란 청중에게 세레나데를 들려주었다.

_____ 웃기는 철학자

아인슈타인의 뻔뻔함은 짓궂은 유머감각과 야생동물 같은 웃음소리로 뒷받침되었다. 그는 어른이 되어서도 재미있는 구절을 들으면 아이처럼 몇 번이고 따라 했다. 어떤 이유도, 아무리 나쁜 상황도 아인슈타인의 장난기에는 소용이 없었다. 과학사에서 가장 유명한 편지에서 그는 친구에게 '기적의 해' 동안 출간할 네 편의 논문에 대해 귀띔했다. "얼린 고래 고기 같은 자네"라고 운을 띄우고는 "하찮은 횡설수설"을 좀 하겠다며 미리 사과했다. 몇 년 후 유명해졌을 때, 연회에 참석해 그의 공에 관해 장황한 연설을 들을 때였다. 아인슈타인은 옆에 앉은 젠체하는 신사에게 몸을 돌려 동정하듯 농담을 던졌다. "방금 영원에 대한 새로운 이론이 떠올랐답니다."

사진기자들 앞에서 혀를 불쑥 내민다든지, 자기 소유의 돛단배에 '쓰레기 조각'이라는 뜻의 이디시어 '티네프$_{Tinef}$'라는 이름을 붙인다든지, 친구의 침대에 접시를 잔뜩 쌓아둔다든지, 아인슈타인은 '웃기는 철학자'였다. 한 급우의 증언에 따르면 아인슈타인의 재치 있는 풍자는 모든 허영과 가식을 가차 없이 깎아내렸다고 한다.

질주하는 정신

물론 이 천재가 언제나 농담만 했던 것은 아니었다. 아인슈타인은 어디서든 진리를 탐구하는 데 여념이 없었다. 이런 집요한 성격의 사람에게 처음으로 무엇인가를 발견한다는 것은 중요한 의미였다. 1915년 아인슈타인은 당대의 걸출한 수학자인 다비트 힐베르트David Hilbert와 경쟁을 벌였다. 그보다 10년 전에 아인슈타인은 특수상대성이론에 대한 논문을 출간했는데, 특정 상황에서만 적용할 수 있기 때문에 그런 이름이 붙었다. 그후로 아인슈타인은 일반적인 상대성이론을 세우기 위해 매진했고, 상당히 힘든 작업이었다. 그는 수년간 훌륭한 여러 학자와 교류하면서 도움을 얻었는데, 모두 이 이론을 세우기 위한 장거리 경주의 선두 주자들이었고 서로 성공하기를 정정당당하게 격려했다. 결국 두각을 나타낸 것은 아인슈타인과 힐베르트였다.

누가 먼저 결승선에 도달했는지에 대해서는 역사학자들의 의견이 분분하지만, 힐베르트는 신사답게 아인슈타인에게 우선권을 내주었다. 아인슈타인은 결국 아이디어를 떠올려 이론적인 작업의 대부분을 해냈다. 일반상대성이론에 관한 책을 출간할 즈음 아인슈타인의 생산성은 가히 놀라웠다. 동료들이 이 결과물을 두고 "인류 사상사의 가장 큰 업적"이라고 평할 정도였다. "틀림없이 물리학의 역사에서 한 개인이 지속적으로 지력을 쏟아 일군 가장 엄청난 결과다."

──────── 넘어지지 않으려면 계속 움직여야 한다

아인슈타인은 끊임없이 노력하면서 자주 장기간 몰입했다. 주변 환경은 물론이고 자기 자신도 모두 잊은 채 일에 완전히 빠져들었다. 강한 집중력은 아인슈타인의 일뿐만 아니라 그의 기분에도 긍정적인 작용을 했다. 아인슈타인은 1903년에 젊은 물리학자 밀레바 마리치Mileva Marić와 결혼했지만, 그녀는 두 번째 아들 에두아르트를 낳고 병을 얻어 우울증에 걸렸다. 이런 고생을 겪으면서도 아인슈타인은 자연을 탐구하고 열심히 생각하는 기쁨으로 도피했다. 그는 "기운을 돋우지만 가차 없이 엄격한 천사들이 인생의 모든 골칫거리를 겪도록 나를 이끄는 것 같았다"고 했다.

아인슈타인은 무기력해 하는 에두아르트에게 의미 있는 일을 하며 바쁘게 지내는 것의 중요성을 일깨우려 했다. 아들을 걱정하는 아버지로서 "인생은 자전거를 타는 것과 같단다. 균형을 잡으려면 계속해서 움직여야 하지"라고 충고했다. 경력 초기에는 낙담도 많이 하고 성공의 부질없음도 겪었던 아인슈타인은 이런 충고를 할 만한 충분한 자격이 있었다. 그는 이렇게 결론을 맺었다. "나는 여행하는 것을 좋아하지만 도착하는 것은 싫어한다."

_____ 휴식과 발견의 순간

아무리 천사들이 엄격하다고 해도 머리가 나쁘다면 노벨상을 탈 수 없다. 아인슈타인의 반짝이는 눈 너머에는 놀라운 뇌가 있었다. 그의 지능지수는 160을 넘었을 것으로 추정된다. 하지만 아인슈타인에게 가장 빛나는 장점이 있다면 창의성이다. 풍부한 상상력에서 강력한 이론들이 솟아났다. 아인슈타인의 독창성은 2세기도 전에 뉴턴이 물리학에 주문을 걸었던 이후로 그런 신비로움을 경험하지 못했던 세상을 놀라게 했다. 공간이 휘다니! 빛이 구부러지다니! 시간이 느려진다니! 천재의 특징이 그 유래를 알 수 없는 불가해함이듯, 아인슈타인조차도 자신의 이론을 잘 설명하지는 못했다. "만약 우리가 스스로 무엇을 하고 있는지 잘 안다면 그것은 연구가 아니지 않겠습니까?" 그는 이렇게 변명했다.

아인슈타인은 창의성에서 도움을 얻는 방법을 알고 있었다. 그의 설명에 따르면 "새로운 직관은 이전의 지적 경험에서 온 결과물일 뿐"이다. 그러나 아인슈타인은 공부나 힘든 연구 중에 잠깐 휴식을 취할 때 '유레카'를 외칠 만한 발견의 순간이 오곤 한다는 사실 또한 알았다. 아르키메데스는 욕조에 들어가 쉬다가 부력의 원리를 발견한 것으로 유명하다(그리고 옷을 걸치지 않은 채 거리로 달려 나갔다). 뉴턴도 사과나무 아래서 쉬는 동안 만유인력의 원리를 생각해냈다고 전해진다. 아인슈타인 역시 "새로운 아이디어는 갑자기 찾아온다"는 점을 깨달았다. 우리가 현재의 순간을 살 때 특별히 아무것도 생각하지 않아도 그때그때의 경험을 세심하게 살피다보면 놀라운 일이 벌어질 수 있다.

하지만 가만히 앉아 기다리는 것은 아인슈타인의 방식이 아니었다. 그 대신 그는 바이올린을 연습했는데, 이것은 더 적극적인 휴식이었다. 활을 당기는 리듬과 여러 현이 내는 화음, 멜로디의 생동감, 이 모든 것이 아인슈타인의 무의식 속에서 공명했고 상상력을 뒤흔들었으며 합창처럼 분출했다. 바이올린은 몰입하는 데도 도움을 주었다. 훌륭한 음악만큼 집중하게 만드는 것은 없다. 음악 연주는 아인슈타인이 집중하고 상상하도록 했고, 지적인 발견이라는 위대한 업적에 대비하도록 했다. 그러니 그가 어디를 가든 낡아빠진 바이올린 케이스를 들고 다닌 것도 당연했다.

아웃사이더

평생 아인슈타인은 어떠한 형태로든 권위주의와 군사주의, 국가주의를 싫어했다. 파시스트든, 공산주의자든 상관없었다. 그는 언론의 자유, 행동의 자유라는 개인의 선택이 지닌 신성한 가치를 억누르고 득세하는 집단주의적 사고방식을 내포한 것은 무엇이든 증오했다. 아인슈타인은 이렇게 주장했다. "국가의 가장 중요한 임무는 개인을 보호하고 창의적인 품성을 기를 수 있도록 지키는 일이다. 오직 개인만이 새로운 아이디어를 생산할 수 있다."

불행히도 역사는 달랐다. 1933년 히틀러가 독일에서 정권을 잡자, 유대인이었던 아인슈타인은 나치스가 파괴적인 행보를 벌이기 시작한 고향을 떠나야 했다. 시기적절한 탈출이었다. 그 직후에 아인슈타인은 암살 대상 목록에 올랐다. 아인슈타인의 훌륭한 업적은 나치스를 더욱 자극할 뿐이었다. 군중은 유대인이 퍼뜨린 질병이라며 책을 불태우고 지성주의를 거세게 비난했다. 한 친구 덕분에 다행히 아인슈타인의 과학 논문은 구해낼 수 있었는데, 암흑의 시대에 자유의 승리라고 할 만한 행동이었다. 여생 동안 아인슈타인은 민주주의와 자유, 평화를 열렬하게 옹호했다.

처음을
기억하다

 1983년 6월 이스트 런던의 한 공원에서 중대한 사건이 벌어졌다. 참가자는 얼마 되지 않았다. 긴 바가지 머리에 낡은 나팔바지와 화려한 체크셔츠를 입은 뉴질랜드 남성 한 명과 둥글게 부풀린 인상적인 곱슬머리에 살짝 불안해 보이는 표정을 한 오스트레일리아 여성 한 명, 시베리안 허스키처럼 신이 나서 무언가를 기대하며 장난치는 아이 세 명, 그리고 갈색과 흰색 털을 가진 나무에 대고 킁킁 냄새를 맡으며 무슨 일이 일어나려는지 모르는 것이 분명한 진짜 개 한 마리뿐이었다.

시간이 그대로 멈춘 듯했다. 갑자기 모두 헉하고 숨을 쉬었다(개를 제외하고). 뭔가 일이 벌어지고 있었다. 슈퍼맨 티셔츠를 입은 작은 소년이 풀밭 언덕 아래로 돌진하더니 방향을 틀어 맞은편 언덕 위로 올라갔다. 낡았지만 의기양양하게 언덕에서 흔들리면서 멈췄고, 빨간 자전거의 뒷바퀴는 아직 돌아가고 있었다. 어빈가의 막내가 인생 처음으로 자유를 맛본 순간이었다.

그것이 내가 처음으로 자전거를 탄 순간이었다. 분명 자신의 처음을 기억할 것이다. 내 나이와 비슷하다면 자전거에 보조바퀴를 단 채로 시작했으리라. 자전거 뒷바퀴 중간에 부착된 작은 바퀴 말이다. 충분히 자신감이 붙으면 보조바퀴를 떼어낸다. 그러고 나면 어른이 자전거를 뒤에서 밀어준다. 그러다가 혼자 자전거를 타는 순간이 오는데, 절대 잊을 수 없는 기억일 것이다.

요즘은 '균형 자전거'가 유행한다. 작은 러닝머신과 비슷한데 페달이 없다. 아이들은 이 자전거로 균형 잡는 감각을 익힌 다음 제대로 된 자전거로 바꿔 탄다. 그러나 어떤 자전거를 타든, 잊지 못할 만큼 몹시 흥분된다는 결과는 같다.

처음으로 자전거를 타는 경험은 무엇이 특별할까? 아이들은 독립적인 것을 좋아하며 자전거는 생각지도 못했던 곳까지 빠르고 멀리 탐험하게 해준다. 자전거가 얼마나 큰 자유를 안겨주는지 몸소 체험하는 과정은 꽤 스릴 넘친다. 또한 아이들은 어른을 흉내 내서 새로운 기술을 습득하는 과정에서 자부심을 느끼기를 좋아한다. 균형을 잡는 것처럼 인상적인 일을 하면 엄청나게 기분이 좋다. 아이가 처음으로 자전거를 타는 경험이 급작스럽고도 단 한 번뿐이라는 점을 생각하면(읽기를 배우는 과정과 비교해보면 이는 확실한 결말이 없다) 흥분은 더해진다. 인생에서 이를 뛰어넘을 만한 기억은 거의 없다.

다시 어린 시절로 돌아가다

자전거를 타며 느끼는 자유가 아이를 독립적으로 만든다면, 어른이 되어 자전거를 타면 다시 아이가 된 듯한 기분을 느껴볼 수 있다. 자전거를 자주 타는 사람이라면 동감할 텐데, 언제든 자전거를 타면 그리운 행복을 불러일으킨다. 무지개, 별똥별, 크리스마스로나 느낄 법한 기분 말이다.

그 이유는 이해하기 쉽다. 사람을 실어나르는 다른 수단과 달리 자전거를 타면 어깨에 지었던 짐을 던 듯한 느낌을 받는다. 자전거는 어디든 뚫고 갈 수 있으니 길이 막혀도 걱정 없다. 대중교통처럼 지연되거나 취소되지도 않는다. 자전거는 시간표가 없다. 사람들이 북적이거나 줄을 서지 않아도 된다. 자전거는 어디에나 있다. 자전거에 실린 단 하나의 짐은 당신뿐이다.

　이제 나머지는 우리에게 달렸다. 자전거는 비밀스러운 뒷골목을 통과하고, 운하를 따라가고, 숨겨진 숲을 지나가고, 외로운 인도교를 건너고, 버스 도로, 자갈길, 농장, 산길을 달리고, 오래된 대저택이나 주택단지를 지나고, 물구덩이를 통과하고, 교외로, 시 외곽으로 떠나고, 해안 도로와 사용되지 않는 기찻길을 따라 달리고, 공원을 지날 수도 있다. 한 번에 이 모든 것을 경험할 수도 있다!

　자전거를 타고 사람들이나 자동차와 대중교통이 지나가는 경로를 벗어나면 곳곳에 숨겨진 보석 같은 장면을 숱하게 발견할 수 있다. 호기심을 품고 탐험하는 사람에게 자전거가 주는 보상이다. 자전거는 평소에는 불안해서 접근하지 못했던 곳까지 여행을 떠날 자신감을 불어넣어서 세계를 확장하도록 북돋는다. 이는 공간뿐 아니라 시간에도 적용된다. 늦은 밤이든, 이른 아침이든, 어둠과 외로움이 도사린 시간에도 자전거는 엄마나 수호천사처럼 안심시켜준다. 자전거 타기는 자유와 뗄 수 없는 관계다.

　또한 자전거를 타면 신체적 감각에 대해 자유로워지는

면이 있다. 자연 저술가 루이스 J. 할레Louis J. Halle가 말했듯, 자전거 타기는 하늘을 나는 것에 가장 비슷한 경험이다. 비행기를 타고 나는 것이 아니라 새처럼 정말로 나는 것 말이다. 자전거를 타는 사람은 이동 중인 철새들이 날개를 천천히 퍼덕여서 이동하듯 위에서 내려다보며 언덕을 급강하한다. 빠르게 페달을 밟거나 미끄러지기를 번갈아 하거나 재빠르게 좌우로 흔들며 도심의 정글을 뚫고 나아간다.

능동적인 휴식의 원천

바이올린 연주는 아인슈타인이 능동적으로 휴식을 취하는 한 가지 방법일 뿐이었다. 그는 배를 몰면서도 창조적인 아이디어를 많이 떠올렸다. 선원으로서의 기술은 엉망이었는데, 물에 빠진 아인슈타인을 구했다는 이야기가 수없이 많다.

하지만 그가 능동적으로 휴식을 취했던 방법 가운데 가장 유명한 것은 자전거 타기였다. 광선을 따라 달리면 어떤 일이 벌어질까를 처음으로 고민한 것도 자전거를 타면서였다. 이는 운동이 시간과 공간의 지각에 어떤 영향을 줄지 생각하게 했다. 곧 아인슈타인은 놀라운 발견을 한다. 예를 들어, 내가 자전거를 타고 당신을 휙 지나치면 움직임이 서로에 대해 상대적이라는 점이 특정한 결과를 불러온다. 당신이 내가 어디 있는지 인지하려 할 때 시간이 느려지고 공간은 수축한다. 아인슈타인의 상대성이론 방정식은 시간과 공간, 운동, 질량, 그리고 우리의 관찰을 연결하는 복잡한 상호관계를 기술한다.

듣기만 해도 머리가 빙빙 돈다고 해도 걱정할 필요 없다. 여기서 중요한 것은 자전거 타기가 아인슈타인의 창의력을 가속시켰다는 점이다. 나중에 나치스를 피해 미국에 망명해 프린스턴 대학교에 둥지를 튼 다음에도 아인슈타인에게 자전거 타기는 능동적인 휴식의 중요한 원천이었다. 아인슈타인은 자전거를 타고 대학 캠퍼스를 돌아다니곤 했는데, 페달을 밟는 리듬이 바이올린을 켤 때와 비슷하게 그의 머릿속에 상상력을 불러일으켰다.

자전거 페달이 창의력을 일으킨다

물론 자전거를 탄다고 해서 모든 사람이 상대성이론을 떠올릴 수 있는 것은 아니지만, 페달을 밟다보면 놀랄 만큼 창의적인 생각이 떠오를 때가 있다. 정말로 놀라운 경험이다. 자전거를 타기 전과 타는 도중의 정신세계는 라디오의 주파수를 맞추기 전과 깨끗하게 맞춘 뒤처럼 다르다. 모호하게 스쳐지나가는 인상, 의미 있는 생각을 막아서 불안스럽게 하는 혼란함 대신에 새로운 아이디어가 쉽고 선명하게 떠오르는 경험을 할 것이다.

창의성에 대한 중요한 사실은 예측 불가능하다는 점이다. 새로운 사고란 그 정의상 예측할 수 없는 내용을 담고 있다. 이 사실은 무척 유용하다. 자전거를 타는 도중에 머릿속에 전구가 하나 켜지는 느낌을 받을 때가 있다. '해답이 바로 그것이구나! 내가 원하던 거야! 그렇게 하면 해결될 거야!' 머릿속이 활발하게 돌아가기 때문에 가장 힘든 것은 자전거에서 내릴 때까지 쓸모 있는 아이디어 전부를 잘 기억해두는 일이다.

하지만 자전거를 탈 때 떠오르는 모든 새로움의 이면은 꽤 별나다. 의식 속에 떠오르는 단어와 이미지의 이상한 연속은 심해의 무지갯빛 물고기같이 초현실적이다.

> **" 창의성에 대한 중요한 사실은 예측 불가능하다는 점이다. 새로운 사고란 그 정의상 예측할 수 없는 내용을 담고 있다. "**

가끔은 머릿속에서 무의미한 가락이나 짤막한 노래가 떠오르기도 한다. 그러고 나면 계속해서 생각난다. 창의력의 산물은 괴상하거나 심지어는 성가실 때도 있다. 내키는 대로 반복해서 떠오른다. 무례하게 느껴질 정도로 흥청대는 것 같다. 한번은 자전거를 타다가 머릿속에서 이런 합창이 들리기도 했다. '퍼커리지 마을이네. 죽여주는군!'

물론 자전거를 타다가 들리는 머릿속 멜로디가 모두 귀찮기만 한 것은 아니다. 때로는 멜로디가 생생하고 즐거워서 크게 따라 부르고 싶을 때도 있고, 무아지경으로 도취될 때도 있다. 음악에 리듬이 있듯이 페달을 밟는 것이 창의력을

자전거 타기가 아름다운 이유는 다음과 같다.
자전거를 타면 리듬이 생기고, 그것이 정신없이 활동하던
두뇌를 잠들게 해서 진공상태를 일으킨다.
그러면 무작위적인 생각들이 그곳으로 들어온다.
노랫가락이며 한 줄의 시, 세세한 전원 풍경
농담이 흘러들어 합창을 하고
오랫동안 나를 괴롭혔던 것에 대한 해답도 떠오른다.

°로버트 펜, 《자전거에 대한 모든 것》 중에서

일으키고, 페달을 밟는 리듬이 음악성을 불러오는 것처럼 보인다.

자전거가 창의력을 불러일으킨다는 점은 자전거 타는 사람들이 어째서 자전거나 물질적 대상에 집착하지 않는지에 대한 부분적인 설명이 될 수 있다. 유행하는 물건을 사들여 간접적으로 스스로를 표현하는 대신, 자전거를 타는 사람은 창의력이 넘치게 되어 예술과 과학 또는 사업의 목표를 추구하면서 스스로를 직접 표출하기 때문이다.

자전거를 타기 위해
자전거를 타다

자전거 타기는 A 지점에서 B 지점까지 이동하는 훌륭한 방법이다. 사람들은 가끔 아무 목적 없이 자전거를 탈 수도 있다는 사실을 잊는다. 선불교의 가르침을 따르자면 '자전거를 타기 위해서 자전거를 타는' 것이다.

어쩌면 어렸을 때부터 수없이 자전거를 탔을 것이다. 아무 생각 없이 자전거에 올라 내키는 대로 어디든 갔을 것이다. 도로가 한산하고 약속 없는 어느 날 한번 더 시도해보면 어떨까.

자전거를 타고 천천히 아무 곳에나 들르든가, 특정한 목적지를 정하든가, 혹은 속도를 높여보자. 구름처럼 생각을 흘려보내도 된다. 생각하되 생각을 이성으로 판단하지 말자. 지금 이 순간에 부드럽게 주의를 기울여 언제, 어디로 가고 싶은지 결정하자.

어쩌면 뒷골목에서 막다른 골목에 다다를 수도 있다. 그러면 또 어떤가? 어쩌면 숲속에서 개울과 '페니는 존을 사랑한다'는 낙서가 새겨진 낡은 나무 다리를 발견할지도 모른다. 누가 알겠는가? 길을 잃을 수도 있지만 두려울 게 무엇인가? 자전거를 타는 것은 이처럼 재미있고 매순간 다른 모험을 하게 한다.

자전거 타고
몰입에 빠지다

몰입은 바퀴의 회전과 페달의 리듬 또는 멀리서 다가와 어깨 너머로 사라지는 풍경을 통해 서서히, 그리고 급작스레 온다. 이럴 때면 자기 자신과 자전거, 그리고 여정을 제외하고는 아무것도 중요하지 않다. 머릿속에 아무 생각도 떠오르지 않고, 감정은 바쁘게 움직이며, 세계는 그대로 존재한다. 자전거를 타고 몰입 상태에 빠지는 것보다 기분 좋은 느낌도 없다.

아인슈타인이 바이올린을 연주하여 물리학 연구에 대한 집중력을 끌어올렸듯, 자전거 타기는 정신적인 작업 수행에

알맞은 마음 상태를 만들어준다. 자전거에서 내리면 자전거에 오르기 전보다 마음이 안정되면서도 각성된, 만족스럽지만 집중할 수 있는 상태가 된다. 몰입이 계속 이어지면서 하루의 나머지 시간도 더 순조롭게 보낼 수 있다.

_____ 자전거가 알아서 해준다

때로는 자전거 타기가 내키지 않을 때도 있다. 바람이 많이 불거나 비가 내리면 자전거 말고 다른 수단을 이용하거나 그냥 실내에 머물고 싶어진다. 하지만 자전거를 타면 강인해진다. 날씨가 나쁠 때는 안전을 위해 모자와 장갑이 필요하지만 페달을 밟다보면 몸의 나머지 부분이 얼마 안 있어 편안해진다. 다른 사람들이 연착된 기차 때문에 하얀 입김을 내뿜거나, 김 서린 차창 뒤에서 덜덜 떨거나, 바람 부는 버스 정거장에서 오만상을 찌푸리고 있을 때에도, 자전거를 타면 따뜻하고 활기 넘친다.

지쳤을 때에도 자전거를 타면 기분이 좋아진다. 목표 없이 표류할 때도 자전거는 방향을 잡아준다. 분투할 때도 자전거가 관성을 더해준다. 몸이 축 늘어졌을 때 자전거는 활력을 불어넣어준다. 자전거 위에 오르는 작은 노력만 한다면 나머지는 자전거가 알아서 해준다. 자전거를 타면 성당

안에서 휘파람 소리가 증폭되어 울려 퍼지듯 의지의 불씨를 키울 수 있다. 가장 좋은 상황은 자전거를 통해 강화된 의지가 나머지 시간에도 계속 이어져 자전거에서 내려도 몰입 상태가 계속 이어지는 것이다.

도로의 반항아처럼 당당하게

자전거가 세상에 처음 모습을 드러낸 이후로 자전거 타는 사람에 대한 대중의 태도는 무관심에서 짜증에서 분노까지 다양했다. 왜 이렇게 되었는지는 수수께끼다. 도로가 덜 막히게 해주고 소음과 대기오염을 줄여주는 대중교통수단이면서 행인들에게 해도 끼치지 않는 비교적 값싼 탈것이라면 모든 사람이 반길 법한데 말이다.

그런데 그렇지 않다. 자전거를 탄다는 것은 정상적이지 않을 때가 많아서 시작부터 얼굴이 두껍고 반항적인 성품이 필요하다. 그러나 일단 시작하면 페달을 밟을 때마다 뻔뻔함이 자라나는 것을 느낄 수 있다. 스마트폰을 보면서 아무 생각 없이 걷던 행인은 당신이 지나쳐가면 깜짝 놀라며 노려볼 것이다. 그래도 굴하지 말라. 교통 체증에 스트레스를 많이 받은 운전자가 차창에 기대 있다가 멈춰 있는 차 사이로 자전거를 타고 지나가면 나비를 보고 짖는 사나운 개처럼 등 뒤에서 고함을 질러대기도 한다. 잔뜩 차려입은 멋쟁이가 버스 정류장에 서서 당신의 야광재킷을 보고 킬킬거리다 오토바이가 옆을 지나가면서 튀긴 흙탕물 세례를 받는다면, 이를 보고 당신은 사악하게 웃게 된다.

자전거 산책을 끝내기 전까지 스스로 올바른 선택을 했다는 사실을 깨달아야 한다. 부정적인 방해꾼은 신경 쓰지 말고 확신과 신념의 감정이 하루의 나머지 시간에도 스며들게 하자. 가끔은 자전거에서 내려서도 자전거를 탔을 때 만났던 것과 같은 무례한 이들을 만날지 모른다. 어떤 상황이든 그런 사람들에게 맞서 당당해야 한다. 자전거를 타면서 기른 뻔뻔함은 확실히 오래 남는다.

_____ 자전거 타는 사람이 세상을 점령할 것이다

자전거를 싫어하는 사람과 논쟁을 하게 될 경우 가능성 높은 두 가지 사실이 있다. 첫째, 논쟁 상대는 여러 해 동안 자전거를 타지 않았을 것이다. 둘째, 상대는 자기가 말싸움에서 질 것 같으면 회심의 일격을 날리려 할 것이다. "어찌 되었든 자전거는 너무 위험해요."

자전거를 타는 사람은 사실 상당수가 용감하다. 자전거를 둘러싸고 온갖 유언비어가 난무하기 때문에, 보통 사람보다 활발한 사람이 아니라면 애초부터 자전거를 타지 않았을 것이다. 하지만 이렇듯 위험을 감수하는 사람이 자전거를 탄다고 해서 자전거를 타는 사람이 모두 위험을 감수하는 것은 아니다. 경로만 제대로 계획하면 자전거 타기의 가장 큰 위협 요소인 버스와 트럭이 다니지 못하는 조용한 거리(또는 공원이나 운하 등)로만 다닐 수 있다. 이렇듯 안전하고 유쾌한 산책마저 위험하다고 여긴다면 글쎄, 산다는 것은 원래 위험하다.

사실 모든 종류의 자전거 산책에 적용하더라도 이것은 심한 과소평가다. 연구 결과에 따르면 자전거 타기는 심장병과 뇌졸중, 비만, 치매, 당뇨병, 고혈압, 몇몇 암을 예방하며 뼈와 근육, 관절을 튼튼하게 하고 심지어는 수면에도 도움이 된다. 이런 장점은 다른 운동도 마찬가지지만, 자전거 타기는 부상을 입을 확률이 꽤 낮고 유용한 교통수단으로서 일상생활에 아주 자연스럽게 녹아드는 면에서 더욱 특별하다. 또다른 장점은 원하는 대로 운동 강도를 올렸다가 낮출 수 있으며 페달을 밟지 않고 휴식을 취해도 미끄러지듯 굴러간다는 점이다.

한 보고서는 자전거 타기에 따른 위험이 '최소 수준'이며 그것도 '자전거가 주는 건강상의 효능에 비하면 20분의 1 정도일 뿐'이라고 정리했다(《자전거와 건강》, 2007). 물론 자전거를 처음 타는 사람은 안전한 자전거 타기의 중요성을 깨우쳐야 하지만(무엇보다 꼭 알아야 할 것은 왼쪽 방향등을 켰거나 좌회전하는 차량의 왼쪽에서 달리면 안 된다는 점이다), 자전거를 타지 않는 사람을 한마디로 설득해야 한다면 위의 연구 결과를 들 수 있다. 하지만 그보다는 그냥 나가서 자전거를 타보라고 권할 것이다. 미국의 자전거 운동가 리처드 발렌틴 Richard Ballantine은 다음과 같이 말했다. "자전거는 그 자체가 최고의 주장이다."

자전거가 우리를 행복하게 만드는 이유

기분이 나빴다가 즐거운 일이 생겨서 아무리 애써도 무

페달을 밟아 크랭크셋을 돌리고 있다면
당신은 자전거를 타는 것이다.
페달을 밟지 않은 채 바퀴를 굴리면
자전거 타기에 참가하는 것이다.

°산악자전거 대회 챔피언 네드 오버렌드

표정한 표정을 짓기가 어려웠던 적이 있는가? 나는 예전에 친구들과 당구를 치다가 반칙을 한 것이 들통나서 불평을 들었던 적이 있다. "난 결백해"라고 말하려 했지만(이것도 터무니없지만) "난 귀족이야"라는 말이 튀어나왔다. 일순간 정적이 흘렀고, 무리 중 두 명이 어리둥절한 표정을 교환하다가 웃음을 터뜨렸다. 나는 물론 귀족이 아니다.

자전거는 부정적 성향에 이와 비슷한 영향을 미친다. 두 가지는 어울리지 않는다. 스카이 콩콩을 타고 엄숙함을 유지한다든지, 로데오를 하면서 명상을 한다든지, 세그웨이를 탄 대통령처럼 자전거를 탄 상태에서는 기분이 나쁠 수가 없다. 자전거와 함께할 수 있는 기분은 오직 행복뿐이며, 자전거 안장에서 내려온 뒤에도 긍정적인 기분이 이어질 것이다. 페달을 밟는 동안 우울함은 증발하는 것 같다. 이런 효과를 증명하는 연구 결과도 있는데, 자전거를 타는 사람은 우울증이나 불안증 그리고 낮은 자아 존중감 같은 정신적 문제에 시달리지 않는다는 것이다. 이것은 부분적으로는 건강한 몸이 건강한 정신으로 이어지기 때문이다(몸과 정신 모두 운동으로 분비되는 호르몬인 엔도르핀에 의해 건강해진다). 하지만 자전거가 우리를 행복하게 만드는 데는 다른 이유도 많다.

자전거는 자기통제하에 행복을 불러일으킨다. 예를 들어, 자전거를 타면 지적 능력이 활성화되기 때문에 배움의 즐거움을 얻기가 쉬워진다. 인류가 진화하는 환경에서 물리적 운동은 종종 다른 장소로의 이주를 의미했다. 그 결과 선조들은 운동을 한 후에 새로운 정보나 아이디어에 더욱 민감해지게 되었다. 오늘날까지도 뇌는 이런 설계적 특성을 계속 가지고 있기에, 자전거를 타면 무언가를 더 잘 배울 수 있고 그래서 더 행복해진다. 똑똑한 사람이 딱딱하고 꽉 막혔다는 대중의 편견과는 반대로, 상대적으로 솔직하고 보람 있는 삶을 영위한다.

자전거를 타면 경제적 이점도 누릴 수 있다. 자전거를 구입하고 최소한의 관리비를 지불한다고 생각하면 돈을 굉장히 아낄 수 있다. 지하철이나 버스를 타는 비용(대중교통을 이용하다보면 테이크아웃 커피 값과 신문을 포함해 이것저것의 비용도 든다)과 자가용을 유지하는 데 필요한 유류비, 관리비, 주차비, 교통 혼잡부담금 등이 들지 않는다. 더구나 불황일 때는 자전거가 재정적인 스트레스를 줄여주어 행복하게 만들어준다.

안전성은 행복의 또다른 전제 조건인 자기통제력하에 이루어지는 자전거 타기가 담보한다. 다른 교통수단이 언제 어떻게 될지 모르는 데 비해 자전거는 예측 가능하고 믿을 만하다. 자전거는 취소되거나, 혼잡한 도로 위에 발을 묶거나, 우울한 한밤중에 당신을 기다리게 하지 않는다. 또 정부가 긴급 상황이라고 전하는 바람에 초조감으로 손톱을 물어뜯게 만드는 일도 없다. 자전거 타기는 익숙하고 확실하며 안정적인 행복의 필수 요소를 제공한다.

_____ 장벽 없이 자유롭게

객차의 속도가 느려진다. 앞에서 선로가 바뀐다. 속도가 올라간다. 다시 기어간다. 멈춘다. 심장 박동이 빨라진다. 터널 벽이 컴컴해졌다. 터널이 수평 방향으로 이어지며 흐린 차창 밖으로 조금씩 움직인다. 객차 전등이 깜박인다. 어두워진다. 심장이 두근댄다. 전등이 다시 환해진다. 심장은 아직도 두근댄다. 승객들이 시계를 본다. 다리가 풀린다. 빈자

자전거는 장벽에서 자유롭다.

°**미국 최초의 사이클 크로스컨트리 기록 보유자 폴 코니시**

리는 없다. 얼굴이 직물에 묻힌다. 코트다. 낡은 카펫 냄새, 더러운 설거지거리가 가득한 싱크대 냄새가 난다. 손에 땀이 찬다. 너무 덥다. 하지만 내릴 수 없다. 심장이 두방망이질 친다. 엔진이 그르렁댄다. 휴! 그러다 멈춘다. 누군가의 이어폰에서 드럼 소리가 새어나온다. 문 쪽으로 갈까? 바보 같은 짓 하지 말자. 이제 머리가 웅웅 울린다. 심장은 생선처럼 펄떡댄다. 이제 출발합니다! 기장이 사과한다. 드디어 빠르게 움직인다. 폭포처럼 안도하는 마음이 든다. 터널 벽이 흔들린다. 결코 끝나지 않는 터널이다. 갑자기 환해진다. 사람들, 서류가방들, 광고 포스터들. 킹스크로스 역이다. 겨우 도착했다.

매일 수백만 명이 불편과 스트레스를 감수하고 런던 지하철을 이용한다. 한번은 터널 안에서 지하철이 멈추는 바람에, 어딘가 딴 세상에 온 것 같은 기분이 든 적도 있다. 런던에 거주하는 동안은 자전거가 지하철에서 도피할 유일한 방법이었다. 요즘에는 런던에 갈 때마다 자전거만 이용한다. 자유롭기 때문이다. 자전거를 타면 언제 어디서든 원하는 곳에 갈 수 있다. 어두침침한 지하철 터널에 비하면 런던의 거리는 상쾌한 고산의 경치와 같다. 불쾌한 터널 속을 웅

시하는 것보다는 환한 햇살 아래서 자전거를 타는 것이 좋다. 터널의 좁은 시야, 무력감과 스트레스가 창의력과 의지, 행복으로 바뀐다. 이 책은 자전거에 '대한' 내용을 담았지만, 자전거에 '의해'서 쓰여졌다.

자전거 경주

친구 애덤이 한때 혼자서 벌이는 자전거 경주에 열심인 적이 있었다. 일종의 게임이었는데 그는 '경주'라고 불렀고 생각보다 재미있었다. 규칙은 간단하다. 0점에서 시작해 다른 자전거를 따라잡으면 1점을 얻고 다른 자전거에게 따라잡히면 1점을 빼앗기는 식이다. 목적지에 도달했을 때 점수가 쌓이면 이기고, 음수면 지는 것이다.

게임을 직접 해보면 논쟁이 될 만한 상황 때문에 새로운 규칙을 세우게 된다. 예를 들어 우회전을 하려고 기다리고 있는 자전거를 따라잡았을 경우, 점수를 얻는 것으로 해야 할까? 요점은 이 게임은 푹 빠지기 쉽다는 것이다. 자전거 타기는 결단력과 의지력을 길러주기 때문에 언제나 최선을 다하게 될 것이다.

3장

다 같이 돌자
동네 한 바퀴

자전거 타기는 아인슈타인처럼
'지역적인' 태도를 길러준다.
소박한 교통수단과 옷을 선택하면
절제와 겸손이라는 단순한 덕목을 깨닫게 된다.
자전거를 타고 밖으로 나가면
우리가 사는 지역과 공동체를 더 잘 알 수 있다.
얼굴을 마주하면서 더욱 친밀하고 친절하게 다가가
이웃과 공감하며 소속감과 평등의 가치를 깨닫는다.
타인을 주의 깊게 바라보면
모든 이들을 위해 더욱 쾌적한 환경을 만들게 된다.

자신이 사는 동네에 대해 잘 알고 있는가? 그렇지 않다면 자전거 타기가 더 많은 사실을 알려줄 것이다. 자전거 위에 오르면 다른 교통수단과 달리 바깥세상과 단절되지 않으므로 무심코 지나치기 쉬운 세상의 세세한 부분까지 관찰할 수 있다. 자전거 타기는 자기가 사는 지역을 풍부하게 경험하며 마음을 챙기는 여행을 제공한다.

이게 나예요

아인슈타인의 생일이었다. 베른에 사는 친구들은 그를 위해 깜짝 파티를 준비했다. 아인슈타인은 몇 달 전에 철학과 학생인 모리스 솔로빈Maurice Solovine과 수학과 대학원생인 콘라트 하비히트Conrad Habicht를 만난 적이 있었다. 세 젊은이는 그때부터 정기적으로 만나 물리학과 철학에 대해 토론했으며, 자신들을 '올림피아 아카데미'라고 풍자적으로 불렀다. 평소에 먹던 소시지와 치즈, 차와 과일 대신 아인슈타인의 생일을 맞아 캐비아 세 접시가 올라왔다. 아인슈타인이 캐비아를 한 움큼씩 집어 삼키며 갈릴레오에 대해 열광적으로 이야기하자, 친구들은 재미있다는 표정이었다. "지금 먹고 있는 게 뭔지 알아?" 마침내 솔로빈이 힌트를 주었다. "세상에!" 아인슈타인이 탄성을 질렀다. "그 유명한 캐비아가 아닌가? 이런 귀한 음식을 나처럼 무식한 사람에게 주다니, 맛볼 줄도 모르는 거 알잖아." 물론 아인슈타인은 친구들에게 고마워하고 있었다. 소박한 차림과 단순한 취향을 가졌기 때문에 아인슈타인은 사람을 더 귀하게 여겼다.

수년 후, 올림피아 아카데미에서 가장 뛰어났던 이론가는 세간의 주목을 받기 시작했다. 아인슈타인은 '기적의 해'에 여러 편의 혁명적인 논문을 냈지만 몇몇 기민한 물리학자만 이에 주목했다. 그중 한 사람이 이 분야의 거장이었던 막스 플랑크Max Planck였다. 그는 1906년부터 아인슈타인과 교류했고 베른을 방문할 약속을 잡았다. 나중에 밝혀지듯이, 조수 막스 라우에Max Laue를 보냈는데 라우에는 아인슈타인이 학계에서 일하고 있지 않다는 사실에 깜짝 놀랐다. 그리고 이는 시작일 뿐이었다.

그들은 아인슈타인이 일하는 직장인 특허청 로비에서 그를 만나기로 했다. 하지만 아인슈타인이 흥분해서 로비에 내려갔을 때 그를 반기는 사람이 없는 듯 보였다. 라우에는 이렇게 회상했다. "나를 만나러 온 청년의 인상이 기대와 너무 달라서 그가 상대성이론의 창시자라고는 믿을 수 없었다. 그래서 그를 지나쳤다." 시간이 지나서야 아인슈타인은 상황을 이해했다.

소박한 옷차림

헐렁한 웃옷과 깡뚱한 바지를 입은 신경 쓰지 않은 옷차림에, 머리는 헝클어졌고 양말도 신지 않은 아인슈타인은 위대한 과학자라기보다는 생활고에 시달리는 예술가 같았다. 아인슈타인은 업적 덕분에 유명해진 뒤에도 이런 차림새를 고수했다. 1909년 제네바 대학교 설립을 기념해 명예박사 학위를 받을 때에도 밀짚모자를 쓰고 수여식에 참석할 정도였다.

아인슈타인의 무심함에는 예외가 없었다. 두 번째 아내인 엘자 뢰벤탈Elsa Löwenthal이 독일 대사와 친구들을 만나러 갈 때 깔끔하게 입으라고 애원하자 아인슈타인은 이렇게 대꾸했다. "그들은 나를 보고 싶어 해요. 이게 나예요. 내 옷을 보고 싶다면 옷장을 열어서 보여주면 되잖소."

검소한 생활의 매력

아인슈타인은 소박한 옷차림만 아니라 소박한 생활을 즐

겼다. 그는 아내 엘자에게 이렇게 편지를 썼다. "사치품 없이 아주 적은 필수품으로도 만족하는 삶이 얼마나 매력적인지 모를 것이오." 그의 소박한 취향은 사는 공간에도 반영되어 있다. 아인슈타인이 최고의 명성을 누리던 시절 프린스턴에서 21년 동안 행복하게 살았던 검소한 집을 보아도 알 수 있다.

화려한 환경을 누릴 수 있었지만, 아인슈타인은 그것을 피하려 했다. 그는 롱아일랜드에서 오두막을 빌려서 지냈는데, 식당을 짓는 비용이 너무 비싸다며 식료품 저장실에서 식사했다. 뉴욕의 호텔에서는 빌린 공간이 너무 넓다며 절반을 막아놓았다. 그리고 1등석 기차표가 있는데도 3등석을 택해서 여행을 하는 경우가 많았다.

──────── 나는 도움을 받았어요

아인슈타인의 꾸밈없고 소박한 취향은 다른 사람들에 대한 겸손에서 전형적으로 드러났다. 명성이 하늘 높은 줄 모르고 치솟았을 때에도, 다른 사람 앞에서 잘난 척하지 않았고 허식과 격의 없이 솔직했다. 한 소녀가 학교 숙제에 어려움을 겪고 있다고 편지를 보내자 아인슈타인은 성격이 그대로 드러나는 답장을 보냈다. "수학이 어렵다고 해도 걱정할 필요는 없단다. 나는 훨씬 더 못했으니까 말이야."

교수로서 그는 학생들이 잘 따라오고 있는지 주기적으로 확인하고 수업에 끼어들게끔 유도하는 등 무척 친절했다. 교수가 이 정도로 친근한 태도를 보이는 것은 학계에서는 드문 일이었으므로, 취리히 대학교에서 눈에 띄지 않고 넘어갈 리가 없었다. 아인슈타인이 프라하 대학교로 옮기기 전에 학생들은 다음과 같은 청원서를 모아 제출하기도 했다. "아인슈타인 교수의 강의를 듣게 된 것은 대단히 즐거웠으며, 교수님은 제자들과 완벽한 관계를 맺으셨습니다."

아인슈타인은 조교와 동료를 똑같이 대해주었고, 자기의 의견에 동의하든 그렇지 않든 언제나 다른 사람들을 존중했다. 그리고 다른 학자로부터 지적인 도움을 받았다면 즉시 인정했다. 더욱이 그의 상대성이론에 대한 첫 번째 논문은 다음과 같은 감사의 말로 끝맺는다. "내가 이 논문에서 논의한 문제를 해결하는 동안 내 친구이자 동료인 베소가 항상 내 옆에 있어주었음을 밝힌다. 여러 번에 걸친 베소의 조언에 큰 도움을 받았다."

아인슈타인에게는 겸손이 타고난 본능이었을 뿐 아니라 덕목이기도 했다. 그는 이런 글을 남겼다. "나는 소박한 생활이 물질적으로나 정신적으로 모두에게 좋다고 생각한다." 제네바에서 그에게 제공한 것은 직책만이 아니었다. 제네바 대학교는 1559년에 장 칼뱅Jean Calvin이 설립한 학교였는데, 그는 무척 검소한 인물이었다. 하지만 아인슈타인을 위한 학교의 호사스러운 퍼레이드나 공식 만찬에는 비용을 아끼지 않았다. 그러자 아인슈타인은 기품 있는 옷차림을 한 손님에게 몸을 돌리고 이렇게 중얼거렸다. "칼뱅이 여기 있다면 어떤 행동을 했을까요? 엄청나게 큰 말뚝을 세우고 사치라는 죄악을 범한 우리 모두를 불태웠겠지요." 나중에 아인슈타인은 이렇게 회상했다. "그 남자는 입을 꾹 다물고 아무 말도 하지 않았다."

타인에게 더 많이 베풀기

아인슈타인은 지적으로 독립적인 사람이었지만 유쾌하게 생활했다. 사람들과 어울리는 것을 좋아해서 한 손에는 커피를 다른 한 손에는 싸구려 시가 하나를 든 채 모임에서 음악을 연주하거나 토론했다. 우정은 깊고 보람 있는 것이어서 솔로빈과 하비히트처럼 때로는 수십 년이나 평생 동안 지속되었다. 처음 보는 사람도 아인슈타인을 좋아했다. 한 동료 물리학자는 이렇게 말했다. "나는 아인슈타인의 부드럽고 사려 깊은 말, 친절함과 소박함, 특히 친근함에 감명받았다."

아인슈타인의 관대함은 더욱 사랑스러웠다. 1902년 그는 베른의 지역 신문에 물리학 과외를 하겠다고 광고를 낸 적이 있었다. 그러자 한 젊은 철학과 학생이 열성적으로 관심을 보였고, 다음 날 아인슈타인의 방문을 두드렸다. 그의 이름은 모리스 솔로빈이었다. 두 사람은 바로 죽이 맞아 다시 만나기로 했다. 그리고 세 번째 만남에서 아인슈타인은 자기도 이 수업이 무척 즐거웠기 때문에 과외비를 깎아주겠다고 말했다.

아인슈타인은 어디에 머무르든 지역 사람들을 위해 시간을 냈다. 프린스턴의 집에 여덟 살짜리 소녀가 방문해 수학 숙제를 도와달라고 했을 때, 아인슈타인은 기꺼이 도와주었고 소녀는 보답으로 퍼지 사탕을 내놓았다. 소녀는 정기적으로 찾아왔는데, 소녀의 부모가 이 사실을 알고 굉장히 당황했지만, 아인슈타인은 괜찮다고 말해주었다.

또 한번은 유명 인사를 인터뷰하는 과제를 맡아 A학점을 받고 싶어 하는 언론학 전공 학생에게 시간을 내주기도 했다. 심지어는 그림 실력이 의심되는 친구의 아내를 위해 초상화 모델이 되어준 적도 있었다. 왜 그랬냐는 질문에 아인슈타인은 "그분이 좋은 사람이었으니까요"라고 대답했다.

충실한 삶

아인슈타인은 지적이었고 친절해서 인기가 많았음에도, 결혼한 상태였든 아니든 그는 일생 동안 이성에게 관심이 별로 없었다. 오늘날에는 그의 괴짜 같은 면모를 부각한 사진들이 사람들에게 잘 알려져 있지만 젊은 시절에 그는 꽤 잘생긴 편이었다. 친구인 한 여성의 말에 따르면 그는 "세기의 전환기를 아수라장으로 만들 법한 남자답고 멋진 외모였다".

아인슈타인의 첫 번째 아내인 밀레바 마리치도 그의 열정적이고 친밀한 모습을 좋아했다. 아인슈타인의 가족이 결혼을 반대한 것이 그의 열정을 부채질한 듯했다. 두 사람이 결혼하자 밀레바의 아버지는 부부에게 돈을 주려 했지만 아인슈타인은 거절했고, 그런 이유로 밀레바와 결혼한 것이 아니라고 말했다. 밀레바는 깊은 감동을 받았다.

또한 아인슈타인은 좋은 아버지가 되고자 최선을 다했다. 장남 한스 알베르트가 태어나자 밀레바는 다음과 같은 글을 남겼다. "남편은 집에서 내내 아들과 놀아주곤 한다." 몇 년이 지나 둘째 아들 에두아르트가 태어나자, 아인슈타인의 여동생 마리아와 함께 가족 전체가 자전거를 타러 가기도 했다.

밀레바의 우울한 기질 때문에 결혼 생활이 악화되자, 아인슈타인은 그의 가족에게 연락해 금전적 도움을 요청했다. 일반상대성이론을 완성하느라 애쓰는 동안에도 아인슈타인은 사이가 멀어진 아내와 무기력에 빠진 아들에게 마음 절절한 편지를 보내 어떻게든 문제를 잘 해결하려 애썼다. 아들 에두아르트도 우울증에 걸리자 아인슈타인은 펜을 들어 격려의 말을 남겼다. "사람들은 어울려 살아가면서 서로의 눈을 바라보고 근심 걱정을 나눈단다. 그리고 중요하다고 생각하는 것에 노력을 집중하고 여기서 즐거움을 느끼지. 이런 사람들이야말로 충실한 삶을 누리는 거란다."

_____ 사회정의를 위한 투쟁

과학자들이 수식과 물질적인 것의 자잘한 부분에까지 신경을 쏟는 바람에 주변 사람들을 보살피지 못한다는 것은 수상쩍은 고정관념이다. 아인슈타인은 그렇지 않았다. 그는 인간관계의 가치를 알았다. 아인슈타인이 자비로운 정치적 관점을 지녔고, 개인적인 영웅이 간디였다는 점을 생각하면 분명히 알 수 있다. 공정함의 감각을 타고났던 아인슈타인은 계급 갈등과 불평등을 증오했다. "사회정의를 위해 투쟁하는 것이야말로 인생에서 가장 가치 있는 일이다."

이를 위해 아인슈타인은 활발하게 강연하고 글을 썼으며 수많은 인권 운동 단체를 후원했다. 두 번째 아내 엘자는 남편의 사인 하나에 1달러, 사진 한 장에 5달러를 받고 판매했고 그 수익금을 어린이 자선 단체에 기부했다.

특히 아인슈타인은 인종평등을 위해서 열정적으로 노력했다. 미국에 망명했을 무렵 그는 인종차별의 현장을 목격하고 몸서리를 쳤다. 그래서 아인슈타인은 유색인종의 처우 개선을 위한 전국 연합에 참여했고, 인종주의를 "미국이 가진 최악의 질병"이라 규정했으며, 시민의 자유를 위해 싸우는 투사가 되었다. 흑인 콘트랄토 가수인 마리안 앤더슨Marian Anderson이 프린스턴에 공연하러 왔다가 호텔 투숙을 거부당하자 아인슈타인은 공식적으로 그녀를 초대해서 함께 지냈다. 두 사람은 친구가 되었다.

인간이 할 수 있는 것 가운데 가장 중요한 일은
도덕적인 행동을 추구하는 것이다.

°아인슈타인

즐거운
자전거 생활

 추억을 되짚어 여행을 해본 적이 있는가? 무척 즐거운 여정일 것이다. 새들은 노래 부르고, 아이들은 뛰논다. 아주머니들은 버스 정류장에서 수다를 떨고, 앞마당에서는 남자가 장미 덤불 가지를 쳐낸다. 횡단보도 앞에는 주부 교통 정리원이 기다리고 있다. 교회에서는 결혼식을 알리는 종이 울린다. 술집 밖 벽에 꽃바구니가 내걸린다. 경찰은 행인에게 길을 안내해주고, 빵집에서 갓 구운 빵 냄새가 난다. 개를 산책시키는 사람이 잔디밭에서 개를 부르려고 호루라기를 분다. 젊은이들은 축구를 하고, 선수들은 골대를 향해 달린다. 길모퉁이에서 아이스크림 트럭이 모습을 드러낸다. 정원 울타

리를 사이에 두고 이웃끼리 수다를 떤다. 추억 여행에서 가장 좋은 점은 내킬 때 언제든 훌쩍 떠날 수 있다는 것이다.

자신이 어디에 사는지 잘 아는가? 주소를 뜻하는 것이 아니라 지역 자체를 말하는 것이다. 몇몇 지역 명소라든지 슈퍼마켓, 병원, 기차역과 같이 편의시설의 위치, 그곳들을 연결하는 거리에 대해 알 것이다. 이런 방식이라면 지역 환경이란 자동항법장치로 탐색하는 연결망 같은 것이다.

이를 독서와 비교해보자. 어떤 의미에서 두 능력은 비슷하다. 글 위를 자동으로 항해하는 동안 단어나 구절, 단락이 갖는 의미를 통해 다양한 결론을 보여준다. 하지만 독서는 이것보다는 큰 의미가 있다. 책 내용에 빠져들다보면 스쿠버다이버처럼 호기심을 갖고 주의를 기울인다. 글이라는 환경을 지나치는 동안 우리는 작은 것에도 주목한다. 행간을 읽는다. 능동적이지만 주의를 기울인다.

이런 의미에서 사는 곳을 잘 알고 있는가? 그렇지 않다면 자전거 타기는 더 많은 것을 알려줄 것이다. 자전거 위에 오르면 자동차나 대중교통을 이용할 때와는 달리 바깥세상과 단절되지 않으므로, 무심코 지나치기 쉬운 세상의 세세한 부분까지 관찰할 수 있다. 목적지로 향하는 것만큼이나 여정을 음미하게 된다. 자동항법장치에 맡기다가는 겉똑똑이가 될 뿐이다. 자전거 타기는 지역을 풍부하게 경험하고 마음을 챙기는 여행이다.

> **"자전거 위에서는 예전에는 미처 보지 못하고 지나쳤던 세세한 것들을 관찰할 수 있다."**

_____ 자전거 타고 한 바퀴 돌기

자전거를 타면 주변 환경을 생생하게 느낄 수 있으므로 지역 공동체에 대해 더 잘 알게 된다. 자전거 위에서 이웃들을 진정으로 알게 된다. 얼굴이 반짝반짝 빛나고 몸의 움직임이 시선을 끌며 목소리가 크게 울린다. 성냥개비 같았던 사람들이, 각자 개성과 독특한 습관을 가진 고해상도의 인간으로 거듭나는 것이다.

가끔은 자전거를 타고 가다 지나치는 행인과 눈이 마주쳐 서로 미소 짓는다. 때로는 신호등이 초록색으로 바뀌기를 기다리는 동안 자전거를 타는 다른 사람과 수다를 떨기도 할 것이다. 사람들 사이에 속해 있다는 소속감을 즐기는 날도 있을 것이다. A에서 B로 이동하는 일상적인 행동을 하는 동안 이렇게 느끼는 것은 그야말로 멋진 일이다. 어디를 가든, 자전거는 당신이 공동체 안에 있다는 느낌을 북돋운다.

내가 가장 좋아하는 것은 자전거를 타고 스포츠 경기를 관람하는 것이다. 왜 다른 홈 팬들도 자전거를 타고 응원하는 팀의 경기를 지켜보지 않는지 궁금할 정도다. 무엇보다 스포츠 경기를 볼 때는 시작 전에 후끈 달아오른 분위기가 큰 재미인데, 자전거를 타면 그 현장을 빨아들이듯이 생생하게 즐길 수 있다. 각 대학의 깃발과 스카프, 모자가 장식된 거리에 응원단의 노랫소리가 퍼지고 핫도그 냄새와 흥분된 열기가 뒤섞인다. 자동차를 운전하거나 대중교통을 이용하는 사람들은 이 행렬의 정점을 보기만 하지만, 자전거를 타는 사람은 경기장이 가까워질수록 팬들이 강물처럼 몰려드는 모습을 지켜보며 모든 과정을 직접 경험할 수 있다.

자전거로 출퇴근하는 즐거움

무엇보다도 다른 사람과 같이 즐기면서 더 커지는 자전거 타기의 즐거움이 있다면 바로 출퇴근이다. 연구 결과에 따르면 자전거를 타지 않는 사람의 일상에서 가장 즐겁지 않은 시간이 바로 출퇴근 시간이라고 한다. 2004년 영국

BBC 방송의 보도에 따르면, 런던에서 자가용 운전자와 지하철로 통근하는 사람은 종종 전투기 조종사나 폭동에 투입되는 경찰관보다도 스트레스를 많이 받는다.

극도로 스트레스를 받는 부분적인 이유는 통근이 사회적인 소외를 야기하기 때문일 것이다. 교통 체증이 일어나면 자동차 운전자는 독방에 갇힌다. 러시아워의 지하철은 규모면에서는 정반대지만, 노예선에 채워 넣은 노예나 트럭 뒤에 몰래 탄 불법 이민자들처럼, 승객들 틈에 어색하게 끼어서 비인간화된다.

반대로 자전거를 타면 바쁘게 지나가는 사람을 방해하지 않고 지나치면서도 의미 있는 일부가 된 느낌을 받는다. 그런데 또한 새롭다는 기분도 든다. 꽁꽁 언 호수에 모인 친근한 이방인 곁을 스케이트를 타고 지나는 것 같다. 자전거를 타면 매일 출퇴근하는 기분과 목적이 새로워진다.

자전거를 탔을 때 흔히 그렇듯, 이 기분은 탄력을 받아 계속 이어지는 경향이 있다. 물론 이 기분은 아침에 가장 뚜렷하다. 자전거를 타면 개인적으로 기분이 좋아질 뿐 아니라, 동료들과 자신이 맡은 일에 대해 호감을 느끼게 된다. 연구 결과에 따르면, 자전거로 통근하는 근로자들은 도덕적이고 충실하며 결근율도 줄어든다.

마음 챙김 자전거 여행

자전거를 타면 사는 지역을 더 잘 알게 된다. 마주치는 사물과 사람, 장면이 스포트라이트를 받은 것처럼 빛난다. 지나치지만, 모두 볼 수 있다.

신중한 명상을 통해서 마음 챙김 여행을 진정으로 즐길 수 있는 것이다.

자전거를 타면서 앞에서 배웠듯이 호흡에 집중하는 것과 똑같은 강도로 주변 환경에 집중하려고 노력한다. 획 둘러보는 것도 괜찮다. 이런 움직임은 호흡처럼 자연스럽다. 중요한 것은 주변 환경 가운데 한 가지 대상에만 집중해서는 안 된다는 점이다. 자전거를 타고 계속 나아가는 중이기 때문에 이는 불가능할 것이다. 이동하는 동안 눈길이 자연스럽게 머무는 것에는 집중해야 한다.

생각이나 감각, 감정에 정신을 빼앗기지 말고 이 집중 상태를 유지할 수 있는지 살펴본다. 무언가를 보고 오래된 기억이 떠오르거나 어떤 느낌이나 생각이 솟아날 수도 있다. 이런 반응은 그저 흘려보낸다. 인식은 하되, 눈앞에 보이는 다른 대상으로 주의를 돌리는 것이다. 주변 환경이 모습을 드러내게 한다. 호기심을 유지하기만 하면 된다.

좀더 자세하게 살펴보자. 어떤 자동차의 금 간 번호판. 나무에서 싸우는 새들. 로션 냄새. 오래된 도랑에 움푹 파인 곳. 물구덩이에서 폴짝폴짝 뛰는 아이. 가게 건물 창문에 널린 빨래. 모닥불 타는 냄새. 별난 머리 모양. 개 짖는 소리. 그를 따라 짖는 여러 마리의 개. 사이다를 마시는 노인. 하늘 색깔. 자전거를 타면 익숙했던 이런 풍경들이 거대한 만화경의 한 장면처럼 마음을 사로잡는다.

_____ 자전거를 타며 어울리기

 그때 왜 나는 자전거 프레임에 팔다리가 얽힌 채 잔디밭에 대자로 뻗게 되었는가? 운동복 바지가 벗겨져 엉덩이가 드러났고 친구 다섯이 나를 둘러싸고 눈에 눈물이 맺힌 채 데굴데굴 구르며 웃고 있었다. 짧게 설명하자면 열다섯 살이었던 나는 자전거를 타고 도랑을 뛰어넘으려 연습하던 중이었다. 친구 한 명이 성공했다기에 내게는 누워서 떡 먹기일 줄 알았다. 불행히도 나는 앞바퀴를 들어 올리는 기술을 몰랐다. 내가 재빨리 돌진해 유명한 오토바이 스턴트맨인 이블 크니블처럼 공중에 솟아오를 수 있을 거라고 생각했다. 내가 틀렸다. 도랑 가장자리에서 한참 못 미치는 곳에 앞바퀴가 부딪치면서, 나는 자전거와 함께 공중제비를 몇 바퀴 돈 다음 고꾸라졌다. 비록 꼴사나웠지만 다치기 전에 멈췄다. 마지막에 친구 한 녀석에게 우당탕탕 구르면서 자전거에 걸려 바지가 벗겨진 모습을 들키지 않았다면 좋았을 텐데. 아이들은 10분은 족히 넘도록 "바지 벗겨졌대요!" 하고 한목소리로 놀려댔다.

 짧은 설명은 이쯤 하기로 하자. 이런 행복한 기억을 갖게 된 데는 더 깊은 이유가 있다. 나는 친구들과 시간 날 때마다 자전거를 타고 어울려 다니며 온갖 터무니없는 짓을 했으니, 기억할 만한 경험이 많을 수밖에 없었다. 자전거를 타고 우연히 작은 강을 건넜던 적도 있고, 길을 잃기 위해 일부러 숲에 들어가서 결국 길을 잃은 적도 있다. 오토바이를 탄 피자 배달원을 자전거로 쫓아간 적도 있다. 확실히 말해두지만 우리가 먼저 그 사람을 도발한 것은 아니다.

이런 경험들이 보여주듯, 자전거는 여기저기 돌아다니는 사회적으로 좋은 방법일 뿐만 아니라 그 자체로 사람들과 어울리는 수단이기도 하다. 유치하게 들릴 수도 있지만, 어른이라고 어울려 다니며 자전거를 타지 말라는 법이라도 있는가? 자전거를 타고 해변을 달리거나, 공원에서 경주를 벌이고, 여기저기 탐험하며, 잠깐 멈춰 바람을 쐬거나 수다를 떠는 데는 나이 제한이 없다. 그리고 이 과정에서 새로운 사람들을 만날 수 있는 것은 물론이다.

자전거는 기타만큼이나
여자들을 만나는 수단으로 훌륭하다.

°**그레트풀 데드의 창립 멤버이자 기타리스트이며 가수인 밥 위어**

로맨틱한 자전거 타기

 자전거는 매우 즐겁기 때문에 같이 자전거를 탄 사람들은 서로 유대감을 느낀다. 행복한 기억을 공유하면 오래가는 우정을 쌓을 수 있다. 하지만 자전거가 북돋는 감정적 연결고리 가운데 가장 잘 알려진 것은 바로 사랑이다.

 그 이유를 알기 위해서 굳이 파리까지 갈 필요도 없다. 어디서든 자전거를 타면서 특별한 사람에게 낭만적인 감정을 느낄 수 있기 때문이다. '지금 세상에 당신과 나밖에 없다'는 느낌이 들어서일 수도 있고, 맑은 공기를 마시며 자전거를 타서 심장이 두근대거나 얼굴이 붉게 달아오르며 젊은이 특유의 활기가 생겨서일 수도 있다. 그러다가 하루가 끝날 즈음에는 소파에 붙어 앉아 포옹하고 싶다는 기분이 들지도 모른다. 누가 알겠는가? 자전거 덕분에 사랑이라는 신비로운 감정이 솟아오르고, 그런 경험이 언제 어디서든 인간관계의 긴장을 풀어주며, 인간관계에 거듭 새롭게 생기를 북돋는 것이다.

 사람들의 통념과 달리 자전거를 매개로 애정을 키우기 위해 2인용 자전거를 타야 하는 것은 아니다. 2인용 자전거는 실제로 타보면 생각보다 상당히 힘들다. 특히 한 사람이 소위 스토커처럼 다른 사람의 뒤에 앉아 등을 쳐다보며 페달을 계속 밟아야 하고, 고정된 뒤쪽 핸들을 잡아당기고(자전거가 넘어지지 않도록 설치된 것) 싶은 마음을 참아야 하기 때문이다. 게다가 자전거의 균형을 잡으려면 두 사람 모두 끊임없이 신경을 곤두세워야 한다. 2인용 자전거가 '이혼 자전거'라는 말이 괜히 나온 것이 아니다! 물론 둘이서 같은 자전거를 탄다는 특별한 매력이 있지만, 각자 타는 것이 애정을 키우기에는 더 좋다. 각각 자전거를 타면 서로 애정 가득한 눈빛을 교환할 수 있고 대화하기도 쉬우며, 도랑을 피할 수도 있기 때문이다.

데이지, 데이지
내게 대답을 해줘요.
난 당신에게 완전히 빠져서
반쯤 미쳐버렸어요.
멋진 결혼 생활이 되지는 못할 거예요.
마차를 살 돈이 없으니까요.
하지만 2인용 자전거에 탄 당신 모습은
너무 사랑스럽겠죠!

°**해리 데이커, 〈데이지 벨〉 중에서**

자신에게 맞는 자전거 타기

 아인슈타인의 기질은 자전거를 즐기는 것과 연관되었다. 프린스턴에 살 때도 당장이라도 자동차를 구입할 수 있었지만 그는 자전거를 선택했다. 그리고 바짓단이 짧은 바지를 입은 덕에 체인에 걸리지 않았다.

 모터 달린 탈것은 운전자 자신이 중요하다는 생각이 들게 한다. 누구든 마찬가지다. 커다랗고 번쩍거리는 빠른 기계의 호화로운 최첨단 운전석에 앉으면 무의식적으로라도 내가 대단한 사람이 된 듯 으쓱하게 된다. 이런 자만심 때문에 도로에 끼어든 성가신 방해물(자전거나 보행자)이나 도전자(다른 자동차 운전자)들이 자신과 동등한 또다른 도로 이용자로 보이지 않는 것이다.
 이와는 반대로 자전거를 타면 겸손한 마음가짐을 기를 수 있다. 자전거를 타면 도로를 같이 쓰는 이용자들과 가까운 거리에 놓이기 때문에, 지배자라기보다는 참가자라는 인식이 강해진다. 보행자나 동료 자전거 운전자와 얼굴을 맞대고 눈을 마주치며 마음을 열고 직접 만난다. 서로 가는 길을 터주기 위해 협조해야 한다. 모범적인 자전거 운전자라면 눈을 자주 마주치거나 손을 흔들고 고개를 끄덕이는 등의 동작을 활용해 자신의 의도와 존재를 자동차 운전자에게 알린다. 도로를 공유하는 것은 겸손함과 공감하는 능력을 길러준다.

방향을 알리는 여러 신호를 전달하는 것만큼, 자전거 타는 사람들은 자신에 대해 알려야 하는 경우가 많다. 정확히 말하면 자기에게 이상이 없다는 뜻을 전해야 한다. 자전거 타는 사람들은 특정 기종을 탔다고 자아도취에 빠져 자기를 과대평가하는 일이 드문 만큼(자전거는 자전거일 뿐이다), 복장도 특별한 것이 없다. 결국 자전거 타기는 실질적인 활동이며 복장도 실용적이다. 옷은 옷일 뿐이다. 최신 유행하는 디자이너의 옷을 입고 자전거를 탈 수 없다는 말이 아니다. 그렇지만 가장 실용적인 선택은 아닐 것이다. 이처럼 자전거 타는 사람들은 복장도 멋보다는 합리성을(신축성이 좋은 라이크라 섬유로 만든 옷을 입는다든지) 따지기 때문에 다른

자전거 타기의 단순한 즐거움에
비교할 만한 것은 없다.

°1961~1963년까지 미국 대통령으로 재임한 존 F. 케네디

3장 다 같이 돌자 동네 한 바퀴

사람 앞에서 뽐내는 일이 없다.

────── 자전거는 누구든 탈 수 있다

자전거 타기는 자전거에 탈 때나 내렸을 때나 검소한 복장과 단순한 취향을 갖추게 해준다. 예를 들어, 자전거 타는 사람 가운데 상당수가 자전거를 타지 않을 때도 실용적인 복장을 즐긴다. 이들은 자기 자신과 다른 사람이 편안한 마음가짐을 갖는 것을 중시한다. 이는 솔선수범하는 데서 비롯된다. 이런 식으로 친구와 연인, 공동체를 포함한 모든 사람에게 조화를 가져온다는 의미에서 자전거는 모든 이에게 평등하다. 존 F. 케네디든 평범한 보통 사람이든, 자전거에 올랐을 때 그것이 주는 즐거움은 동일하다.

자전거는 누구든 탈 수 있다. 자전거 타기의 평등함은 처음부터 확립된 권리다. 19세기에 여성은 남성의 통제 아래 놓여 2등 시민으로 취급받았다. 상당수가 집 아니면 일터에만 머물러야 했고, 무거운 스커트와 꽉 죄는 코르셋, 답답한 옷깃이 달린 질식할 것 같은 복장을 고수해야 했다. 그러다가 자전거가 보급되자 여성들은 말 그대로 해방되었다. 더 멀리까지 여행할 수 있었고, 같이 다닐 사람을 선택할 수 있었으며, 자전거 타기에 적합한 자유로운 옷을 입었다. 잘난 척하는 남성들이 자전거가 여성의 순결은 물론이고 가임 능력을 해친다며 말도 안 되는 경고를 했지만, 자전거의 유행은 페미니즘의 발흥과 맞물려 이를 촉진했다. 오늘날 페미니즘 운동의 선구적인 성공 덕분에 우리는 더욱 계몽된 세상에서 살고 있으며, 많은 여성이 자전거가 가져온 자유로움을 즐기고 있다.

소박하지만 위대하다

평등함에는 어린이도 포함된다. 아이들은 자전거를 타고 등하교할 수 있으며, 지평을 넓히고, 부모가 매준 턱받이 수건에서 벗어날 수 있다. 더 좋은 점은 아이들은 어른들이 자전거를 같이 타자고 하면 좋아한다는 것이다. 가족이 함께하는 경험 중에 이보다 즐거운 것도 드물다.

자전거에 대해 어떻게 생각하느냐고요?
이 세상 무엇보다도 여성을 해방시켰지요.

°**미국의 여성 참정권 운동가인 수전 B. 앤서니,**
〈뉴욕 월드〉와의 인터뷰(1896) 중에서

또 반대쪽 극단에는 노인들이 있다. 아무리 나이가 들어도 자전거를 탈 수 있다고, 심지어는 처음으로 타는 법을 배울 수도 있다고 몸소 증명해주는 연금 수령자들이다. 자전거가 주는 큰 이점 가운데 하나는 노인에게 특히 도움을 준다는 것이다. 독립성, 사회적 상호작용, 정신적 자극, 적당한 가격, 건강 등 말이다. 자전거는 천천히 탈 수도 있기 때문에 자신의 한계 내에서 운동할 수 있다. 전기모터가 붙어 있어 힘들지 않게 도와주는 모델도 있다.

몸무게가 많이 나가는 사람도 마찬가지다. 자전거 타기는 손쉽게 접근할 수 있는 운동법이다. 무릎에 몹시 해로울 수 있는 조깅보다 훨씬 낫다. 본체의 무게에 비해 자전거는 자동차나 비행기, 다리보다 더 무거운 중량을 실을 수 있다.

장애가 심한 이들도 자전거를 탈 수 있다. 일부는 자전거에서 균형을 잡는 것이 불가능할지도 모르지만, 사용자의 필요에 맞춘 여러 종류의 자전거가 있다. 다리를 움직이지 못하는 사람들을 위해 손

> **"누구든 자전거 타기의 즐거움을 누릴 수 있다."**

으로 페달을 돌리는 자전거도 있고, 자전거가 더 안정적이어야 하는 사람들을 위해 바퀴가 네 개인 자전거도 있으며, 휠체어를 끌고 다닐 수 있게 나란히 만들어진 2인용 자전거도 있다. 자전거 타기의 즐거움은 모두가 누릴 수 있다.

자전거가 공동체에 미치는 영향

자전거를 타면 지역 공동체에 더 가까워지고 밖으로 나가 지역 공동체에 머무르면 소속감을 느끼게 된다. 굳이 과거로 돌아가 향수 어린 경험을 즐길 필요가 없다고 생각할지도 모른다. 하지만 자전거는 자전거 타는 사람에게만 지역 생활을 더 즐겁게 만들어주는 것이 아니다. 모든 사람에게 즐거움을 선사한다.

자전거는 소음공해와 대기오염을 전혀 일으키지 않는다. 자전거를 탄 사람이 다른 도로 이용자에게 해를 끼치는 경우도 드물다. 또한 자전거를 타는 사람은 지역 사회 주민들의 유대를 강화해 '사회자본'을 높인다. 사회자본을 기르면 범죄와 정신질환이 줄어드는 등 심오하고 유용한 효과가 많다. 또 지역 공동체 사람들이 더욱 행복해지고 건강해지며, 부유해지고 평등해진다.

이것을 자동차가 지역 사회에 미치는 영향과 비교해보자. 자동차는 독성 매연을 배출해 천식은 물론이고 암까지 의료적인 문제를 일으킨다. 소음을 일으켜 밤에는 잠을 못 이루게 하고 낮에는 스트레스를 준다. 수없이 많은 교통사고를 일으키기 때문에 보행자나 자전거 타는 사람, 다른 자동차 운전자가 다치거나 목숨을 잃을 수 있다. 그리고 자동차는 운전자와 보행자, 동료 시민을 분리함으로써 사회자본을 낮춘다.

하지만 이런 상황에도 자전거는 비참할 만큼 사용되지 않고 있다. 물론 항상 자전거를 탈 수는 없다. 장거리 여행을 하거나 짐이 많을 때는 그렇다. 하지만 오늘날 도시에서 흔히 그렇듯, 짐도 별로 없고 짧은 거리를 이동할 때에도 자동차 운전자들은 여전히 자전거를 싫어한다. 땅덩이가 큰 나라라서 장거리 자동차 여행이 일반적인 미국에서도 주유소에서 주유하는 차량의 3분의 1 정도는 5킬로미터 미만을 이동한다고 한다.

짧은 거리를 자동차로 이동하는 것조차 운전자에게 도움이 되지 않는 경우가 많다. 편하게 가려다가 정체된 차량 행렬에 갇혀 상황이 더 나빠지곤 한다. 다른 사람들이 자가용을 이용한다고 해서 아무 생각 없이 따라 하다가, 역시 아무 생각 없이 정체된 차량들 속으로 들어가는 것이다. 사람들은 화려한 소유품이나 옷을 구입하며 다른 사람보다 잘나 보이려 애쓰지만 결국은 별다르지 않은 모습을 하고 만다. 게다가 돈만 낭비하게 되니 상황은 더 나빠진다.

_____ 대접받고 싶은 만큼 대접하라

자전거 타는 사람들은 이런 쓸모없는 군비 경쟁에서 빠져나오기로 한 만큼 처지가 훨씬 낫다. 불행히도 여전히 자동차가 지역 공동체에 미치는 악영향에 고통받고 있지만(틀림없이 다른 사람들보다 더), 자전거 타는 사람들의 상당수가 자전거의 편리함이나 상대적으로 값싼 가격보다는 훨씬 깊은 의미에서 득을 보고 있다. 즉, 도덕적으로 우위를 점하는 것이다.

결국 '황금률'이라고 불리는 도덕의 핵심 원리는 다른 사람에게 대접받고 싶은 만큼 다른 사람을 대접하라는 것이다. 자전거를 타는 사람들은 흔히 그렇게 한다. 자전거를 좋아하는 사람 대부분이 교통 정체나 오염, 위험, 반사회적인 분위기 때문에 고통받고 싶어 하지 않기 때문에 이런 일을 삼가는 것이다. 이들은 사회적 신분을 과시하는 화려한 상징이 성가시다고 여겨 그런 물건을 구매하지 않는다.

자전거 타기는 공동체에 최선인 것이 개인에게도 최선이라는 사실을 보여주는 활동의 사례다. 다시 말하면 도덕적 가치가 모든 사람을 나아지게 하는 것이다. 행복한 공동체에서는 서로를, 또는 집단 전체가 보살피고 그에 따라 모든 이에게 혜택이 돌아간다. 사실 우리의 뇌는 이런 효과를 내도록 이뤄져 있다. 신경생물학자들은 사람들이 선행을 했을 때 쾌락을 경험한다는 사실을 밝혀냈다. 기분이 좋아지고 싶다면 선행을 해야 한다. 자전거 타기는 그 좋은 시작점이다.

고민이 아니라
행동으로 만나다

 사람들이 내게 '직업을 구하라'고 충고할 때마다 내게 조금이라도 돈이 있었다면, 나는 일을 다시 할 필요가 없었을 것이다. 한동안 그럴 필요가 없었다. 철학자였기 때문에 10년 정도 사회에서 떨어져 지냈던 것이다. 나는 걱정해야 할 더 중요한 문제가 있다고 생각했다. 나는 무엇이 참인지를 어떻게 알 수 있을까? 왜 나는 고통을 느끼는가? 나는 자유로운가? 어째서 나는 언제나 지금 이 순간에 있는가?를 고민했다. 매우 자기성찰적인 문제다. 다른 사람들에 대해 생각할 여유가 있을 때도, 자기중심적인 철학자의 특징이 개입되었다. 내가 옳은 일을 하는지 어떻게 알 수 있을까? 다른 사람이 하는 말을 믿을 수 있을까? 다른 사람들도 나와 같은 마음을 가지고 있을까?

나는 철학적 문제 한 가지만 지나치게 파고드는 성향이 다른 사람에 대해 불안해하는 태도와 관련되어 있다는 사실을 점차 깨달았다. 그리고 수줍고 걱정 많은 외톨이라는 철학자에 대한 일반적인 풍자가 일리가 있을지도 모른다고 생각하기 시작했다. 철학에 대한 흥미가 사회에 대해 취하는 태도를 설명하는 것이 아니라, 오히려 사회에 대한 내 태도 때문에 철학 문제에 흥미를 느끼게 되었던 것은 아닐까?

철학에서 회복되기

나는 이것이 철학 문제가 풀릴 수 없는 이유일 거라고 생각한다. 어쩌면 연막인지도 모른다. 철학자들은 사회와 직접 마주하는 것을 피하려고 그 문제들을 고안해냈을 수도 있다. 내 동료들이 이런 생각을 흔히 하지 않는다는 것은 확실했지만, 지금 나는 신경 쓰지 않는다. 그보다는 바깥 사회에서 무슨 일이 벌어지고 있는지에 더욱 관심이 간다. 철학으로부터 회복되었다고나 할까.

회복은 아직도 진행 중이다. 때로 꼬리에 꼬리를 무는 상념에 빠질 때도 있지만, 자전거 타기 덕분에 가까스로 내가 지금 어디에 있는지 깨닫는다. 철학자들이 그러듯이 타인과 나의 연결고리에 대해 고민하는 대신, 나는 밖으로 나가 이웃과 직접 대면한다. 나는 사람들의 흐름에 몸을 맡기고, 일하는 공동체의 사람들 속에 녹아들며, 사람들의 눈을 바라보고 외부인에서 이웃 사람으로 거듭났다. 타인에게 마음을 쓰는 것이다.

> **"때로 꼬리에 꼬리를 무는 상념에 빠질 때도 있지만 자전거 타기 덕분에 가까스로 내가 지금 어디에 있는지 깨닫는다."**

에멀린의 오르막길

그녀의 본성이 발목에 대한 비밀을 지켰어야 했던 그때로 돌아가면, 그것은 살짝 놀라운 일이었다.

그녀의 깔끔한 부츠는 새틴 매듭으로 묶여 있었고 부츠는 트리플 스커트 아래 눈에 띄지 않게 자리했으며 드러낼 만한 상처는 하나도 없었다. 그녀는 누군가의 아버지에게서 작업용으로 빌린 작은 발판 사다리를 올랐다. 낯선 사람의 손을 느슨하게 잡고 손은 엉덩이 근처에서 멋지게 흔들렸으며, 길고 탄탄한 다리가 사다리의 테두리에 걸쳐 있었고 그녀는 아무 도움 없이 부끄럽게도 150센티미터가 다시 0으로 떨어지는 두려움 속에서 그 하이힐을 신고 아주 잠깐의 시간도 머뭇거리지 않았다.

한번은 위에 올라간 채 한 번도 상상하지 않았던 것을 마주하는 자신을 발견하기도 했지만 모든 것은 정확히 예전 그대로였으며, 곧장 이동하기 위해 만들어진 길은 깨끗하고 단단했다. 줄지어 늘어선 테라스는 그녀의 경탄을 자아냈으며 반대편에는 공원에서 모자를 쓰지 않은 남자들이 울타리를 다듬고 있었지만, 문 닫은 사무실들이 몇 킬로미터 뒤까지 뿔뿔이 흩어져 있었고, 한 번이라도 위에서 준비를 갖추고 내려다본 적이 있는 비둘기를 비롯한 모든 이들에게 그곳에 대머리 광대들이 있다는 첫 번째 암시를 해주었다.

_시인 레베카 와츠

4장

세상과 만나며
지구 한 바퀴

자전거 타기는 아인슈타인처럼
'세계적인' 감각을 길러준다.
장거리 자전거 여행을 시작하거나
여행을 끝내고 되짚어보는 과정에서
스스로의 지평과 한계를 확장한다.
자전거를 타고 씽씽 달리든 아니면 이곳저곳을 헤매든
새로운 관점으로 세상을 볼 수 있다.
자연에 더 가깝게 다가가 그 장대한 규모와
심오한 아름다움을 느끼고
집에서 멀리 떨어진 곳에서
다른 문화와의 공통점을 배운다.
또한 국제적 협력의 가치를 깨닫고
인간성에 주의를 집중하게 된다.

자전거 여행을 통해 마음을 챙기며 스스로의 지평을 넓힐 수 있다. 쳇바퀴 도는 것 같은 일상의 마취에서 풀려나 세상이 그동안 생각했던 것보다 넓고 깊다는 느낌을 받는 것은 자전거 여행자들이 흔히 하는 경험이다. 세상이 숨겨진 깊이와 복잡성을 풍부하게 드러내는 것이다. 세상에 숨겨진 찬란한 아름다움을 경험하기 위해서는 천국에 가는 것보다 자전거를 타는 편이 낫다.

더 중요한
별이 있다

    우주가 인간을 창조했지만, 우리는 우주와 분리된 것처럼 행동한다. 아인슈타인은 '착각'으로서의 이런 거리 두기가 우리의 마음과 정신을 가둔다고 말했다. 그리고 이렇게 주장했다. "우리가 할 일은 살아 있는 모든 것과 자연의 아름다움 전체를 포용해 공감의 폭을 넓힘으로써 스스로를 자유롭게 하는 것이다."

    사고의 확장에 대해 누구보다 잘 아는 사람이 바로 아인슈타인이다. 물리학 분야에서 그의 이론은 상상할 수 없을 만큼 작은 것부터 헤아릴 수 없을 만큼 큰 것까지 추적한다. 물질에 대해 탐구하면서 아인슈타인은 분자와 원자, 전자가 충만한 보이지 않는 바다와 조우했고, 그럼에도 무無 또한 감싸 안았다. 아인슈타인은 이 패턴을 수백억 개의 은하가 사막같이 넓은 공간에 의해 분리되고 흩어진 우주가 사방으로 질주하는 바깥 세계로 투사했다. 물론 아인슈타인은 인간의 지성이 이런 극단까지 뻗어 나갈 수 있다는 가장 큰 경이에 감사했다.

모든 위대한 탐험가들과 마찬가지로 아인슈타인은 자기 앞에 놓인 광활함에서 위안을 찾았다. 그는 사람과의 문제로 힘들어하는 이웃에게 이렇게 말했다. "지구가 아주 작은 행성에 불과하다는 사실을 기억해야 합니다. 어쩌면 지구보다 크고 더 중요한 별이 있고 그곳은 도덕적으로 우월하면서 행복할지도 모릅니다."

———— 철새와 떠돌이

지구는 태양계를 도는 여러 행성 가운데서도 아주 작은 행성에 불과하지만 일생 동안 탐험할 정도로는 크다. 아인슈타인은 자칭 '철새처럼' 대부분의 기회를 만들어낸 사람이었다. 그는 어릴 때 친구들과 자전거 여행을 떠나면서 처음으로 떠돌이 기질을 개발했다. 과학자가 되기를 열망했으므로 아인슈타인은 이런 여행을 세상에 대해 숙고하는 시간으로 여겼다. 이는 또한 동료 사이에서 인기가 많던 밀레바 마리치와 알고 지낼 기회도 주었다. 아인슈타인은 두 사람의 앞날을 상상하면서 밀레바에게 이런 편지를 보냈다. "무슨 일이 있든 우리는 이 세상에서 제일 멋진 삶을 살 거라오. 자전거를 사서 2주에 한 번씩은 여행을 떠납시다."

계속 움직이려는 아인슈타인의 성향은 직업적 삶에서도 잘 드러난다. 그는 일곱 곳의 연구소를 옮겨 다니며 일했다. 학계에서 자리를 잡는 데 얼마나 많은 시간이 걸렸는지를 감안하면 꽤 여러 곳이다. 아인슈타인은 어중간한 성격이 아니라서 일터를 바꾸면 국적까지 바꾸는 것을 의미했다. 그는 평생 독일, 스위스, 오스트리아를 거쳐 다시 독일로 왔고 나중에는 미국으로 건너갔다. 고향을 처음 떠났을 때는 한동안 국적이 없이 지내기도 했다.

방랑하는 별

아인슈타인이 물리학자로서 성공한 것은 처음으로 국제적 명사들이 등장한 시점과 맞물려 있다. 20세기 초는 경제적으로 확장되던 시절이라 자동차 회사가 선박과 철도, 자전거 사업에 손을 뻗치는가 하면, 라디오는 신문과 전신처럼 기존의 통신수단을 보충하도록 개발되었다. 연결망이 급성장하면서, 뉴스가 더욱 빠르게 퍼졌고 가장 눈에 띄는 사건과 인물들은 전 세계의 이목을 끌었다. 아인슈타인의 이론적 돌파구는 이를 만족시켰고 그의 익살스럽고 친밀한 외모와 재치 있는 입담도 한몫 거들었다. 그는 사람들이 예상했던 것처럼 따분한 과학자가 아니었고, 사람들은 아인슈타인에게 더욱 빠져들었다.

아인슈타인은 명성이 높아지면서 여기저기를 돌아다녔다. 프랑스, 영국, 일본, 이스라엘, 브라질, 쿠바, 파나마, 팔레스타인, 오스트레일리아 등 수많은 나라에서 그를 초대했고 공식 방문으로 상당한 수익도 얻었다. 거리에 나가면 그를 반기는 사람들이 모여들었고, 강연을 하면 독일어로 말하는데도 강당이 꽉 찼다. 아인슈타인은 부자와 권력자, 유명인과 어깨를 나란히 했다. 모두 거절하기는 했지만, 영화에 출연해달라는 요청도 있었고 이스라엘 대통령에 출마해달라는 권유까지 받았다.

그러나 아인슈타인은 평생 유대인이라는 정체성을 놓지 않았다. 그는 자기가 이처럼 떠돌아다니는 것은 유럽 유대인이 전 세계에 흩어져 사는 격동의 시기에 피치 못한 일이기도 하다는 사실을 잘 알았다. 자신의 명성을 이용해 핍박받는 유대인을 포함한 좋은 일을 위해 자선 모금을 했다.

하나의 세계

어디를 가든 스스럼없이 그곳 사람들과 잘 어울리던 아인슈타인은 표면적으로는 문화적 차이가 있지만 사람들이 하나의 인류에 속한다고 확신했다. 그는 모든 인간이 기본적으로 동일한 육체를 가졌고 음식이나 물 등 생물학적인 필요조건도 같다는 점에 주목했다. 또한 아인슈타인은 모든 인간이 희망과 욕구, 필요, 쾌락, 슬픔 등 공통적으로 정신적 감정적 특성을 공유한다고 보았다. 이런 생각은 아인슈타인의 공감 능력을 높이고 넓혀주었다. 그는 모든 인류에게 연대감을 느꼈으며, 자칭 '세계시민'이 되었다.

위대한 목표에 헌신하다

평생 동안 아인슈타인은 계몽된 세계관 때문에 야기된 혼란과 유혈 사태에 매우 괴로워했다. 두 번의 세계대전과 그 사이에 전 세계 여러 국가들은 연합을 이루기도 했지만 무엇보다도 서로 반목했다. 아인슈타인은 인간의 본성 속에 편협함과 전쟁을 키우는 씨앗이 있다는 논리적인 결론을 내렸다.

그러나 그는 비판하지 않았다. 전쟁이 불가피하다고는 생각하지 않았다. 대신 그는 "전쟁의 사악함으로부터 인간을 내적 외적으로 해방시킬 위대한 목표에 헌신"하겠다는 글을 남겼다. 그는 인간의 본성이 환경에 따라 달리 발현된다는 사실을 알았고, 도덕적인 행동을 북돋우고 악행을 단죄하기 위한 최선의 방법을 발견하는 것이 문명화된 국가의 임무라고 보았다. 현실 세계의 복잡성 뒤에 몸을 숨긴 당시의 상대주의자에 맞서 아인슈타인은 심리학에 대한 프로이트의 문구를 인용했다. "현실에 대한 감각은 낙관적 관측에 의해 더 명료해진다."

세계의 통합을 위해

아인슈타인은 세계적인 협력이야말로 평화를 이루는 유일한 방법이라고 열렬하게 믿었다. 또한 국가주의를 극도로

문명과 인류를 구원할 단 하나의 방법은
세계정부를 구축하는 것이다.

°아인슈타인

혐오했으며 그 논리적 귀결로 군사력을 독점한 세계정부가 필요하다고 주장했다. 그에 따라 국제적인 다툼을 중재하거나 어떤 국가의 정부가 자국 국민을 억압할 때 간섭할 권한을 가진다. 사실상 아인슈타인은 전 세계가 연방 국가를 이루고 각 국가는 민주주의와 평화 공존의 보편 원리에 따라 통합되어야 한다고 주장했다.

물리학에서 그랬듯이 아인슈타인은 나라 간의 문제에서도 통합을 추진하려 했다. 자신의 과학 이론이 핵무기의 개발을 이끌자, 평화에 대한 열망은 더 커졌다. 어쩌면 부당한 죄책감 때문인지도 몰랐다(아인슈타인이 편지로 핵폭탄을 제조하는 이론적 가능성에 대해 미국 정부에 귀띔한 것은 사실이지만, 이 시점 이후로 최초의 원자폭탄을 개발했던 '맨해튼 프로젝트'에는 개인적으로 관여하지 않았다). 아인슈타인은 세계정부를 통해 핵무기의 규제를 요구하는 기구의 회장을 맡았다. 그가 느끼기에 이 상황은 책임 있는 지성인이라면 달리 생각할 수 없을 정도로 중대한 사태였다.

독실하게 종교적인 비종교인

우주가 펼쳐놓는 아름다움과 그 자연법칙의 정교한 합리성에 경이로워했던 아인슈타인은 실재 그 자체가 신과 등가라는 결론에 이르렀다. 하지만 그는 '개인적'인 신의 존재는 믿지 않았다. 즉, 인간사에 관심이 있고 기도에 응답하고 의례를 즐기며, 몇몇 사람은 기꺼이 천국에 들이고 나머지는 지옥에서 벌을 주는, 우주에 대해 계획을 가진 유령 폭군 말이다. 아인슈타인은 이런 종류의 종교가 모자랄 만큼 순진하며 분란을 유도한다고 보았다. "진정한 종교로 가는 길은 삶과 죽음에 대한 두려움이나 맹목적인 믿음이 아닌 이성적인 지식을 추구하는 여정"이라고 주장했다. 다시 말해, 아인슈타인은 신을 알기 위한 유일한 길은 세계를 더 잘 이해하는 것이라 보았다.

이 주장은 가장 심오한 통합의 전망에 이르렀다. 과학과 종교, 그리고 여러 종교 사이의 통합(우주가 곧 신이라면 신은 오직 하나뿐이다)인 것이다. 아인슈타인은 화해의 손길을 내밀고 모든 종교가 똑같이 노력해야 한다고 촉구했다. 과학

원자력을 세상에 풀어놓았다가는
우리의 사고방식을 제외한 모든 것이 바뀌고 말 것이다.

°아인슈타인

자들이 우주가 신과 비슷하다는 사실을 인정한다면, 독실한 신자들은 과학으로 기술되는 비인격적인 우주가 신과 등가라는 생각에 동의할 터였다. 하지만 애석하게도 많은 종교 대표자들은 아인슈타인의 명민함에 코웃음을 칠뿐이었다. 그들의 눈에는 아인슈타인이 스스로를 부르듯 '독실하게 종교적인 비종교인'은 그저 비종교인일 뿐이었다.

종교인들의 비타협주의를 접한 아인슈타인은 재치 있는 농담으로 스스로를 위로했다. "무한한 것이 두 가지 있다. 바로 우주와 인간의 어리석음이다. 우주에 대해서는 확신하지 못하지만 말이다."

새로운 지평을
열다

나는 거인들의 마을에 살고 있다. 이들은 거리를 걸어 내려가는데 도시계획에는 신경 쓰지 않는 듯하다. 작은 인간들이 거인의 발 언저리에서 종종걸음을 치거나 금속 철창을 따라 달려간다. 거인들은 미소 지을 뿐 천천히 이동한다. 이들은 지루할 때마다 혼자서, 또는 여럿이 전원으로 나가 조용한 시골길이나 풀밭을 뛰어다닌다. 거인들은 탁 트인 공간을 좋아한다. 몇몇은 그런 공간을 찾으려고 대륙을 건너기도 하지만, 안개에 싸인 산맥과 변함없는 사막을 가로지르는 것은 거인들에게도 지치는 일이다. 이들은 곧 인간성에서 다시 한 번 안락을 찾는다. 그리고 어디에 가든 편안함을

찾는다. 넓은 관점에서 보면 인간성은 하나다.

자전거가 발명되면서 발품을 많이 파는 직업군에 종사하는 이들은 과거 어느 때보다도 멀리까지 이동할 수 있게 되었다. 자전거를 탄 사람은 거인이라도 된 듯했다. 지난 천 년 동안 인류의 이동성을 이토록 높인 교통수단은 말뿐이었다. 처음으로 태어난 인간과 철의 잡종이 무심하게 지나가는 것을 본 사람들은 놀랐지만 두려워하지는 않았다. 이 광경을 오늘날로 치면 누군가 무빙워크에 올라 신기할 정도로 빠르게 걷는 모습을 보는 것과 비슷할 것이다. 자전거를 미끄러지듯 타고 다녔던 선구자들을 봤을 때의 당혹스러움이 더 오래갔겠지만 말이다.

하지만 그리 오래가지는 않았다. 자전거는 비교적 값이 싼 편이라 빠른 시간 안에 퍼졌다. 사회의 모든 계층에 이 거인이 확산된 것이다. 도시에서는 먼 거리 통근이 가능해지면서 노동자들이 북적이는 공동 주택을 버리고 교외로 향했다. 또 시골에서는 멀리 떨어진 마을까지도 자전거 덕분에 더 쉽게 갈 수 있게 되면서 멀리 살던 사람 간에 결혼하는 경우도 많아져 유전자 풀이 다양해졌다. 사람들의 지평이 넓어졌다고 한다면 여기서의 문제는 얼마나가 아니라 얼마나 멀리, 그리고 얼마나 빠르게 변화했는가다.

멀리 그리고 빠르게

자전거로 장거리를 이동하는 사람들은 자전거의 장점을 모두 경험했지만 다소 정도가 지나친 경우도 있었다. 편한 문명생활에서 수 킬로미터 이상 벗어나는 사람들이 드문 상황에서, 자전거를 타고 조금이라도 모험을 감행해보라는 것은 우리가 상상할 수 있는 모든 한계, 즉 몸과 자전거 그리고 정신력의 한계를 넘는 것과 같다. 처음부터 자전거 타기의 역사는 가능성의 한계를 놀랍도록 확장했다. 이 놀라운 이야기는 일상적으로 자전거를 타는 사람들에게도 영감을 준다.

자전거로 낼 수 있는 속도와 갈 수 있는 거리가 결합되면 매우 놀라운 일이 일어난다. 페달을 밟는 자전거가 만들어진 초기에는 이런 점이 특히 잘 드러났다. 어쨌든 먼 거리는 천천히 터덜터덜 가는 반면 짧은 거리는 빨리 가는 것이 인간의 이동에서 일상적이었다. 하지만 자전거를 타면 말을 타지 않아도 먼 거리를 빠르게 여행할 수 있었는데, 이는 예전에는 상상도 할 수 없는 일이었다.

영국의 최고 기록

자전거가 발명된 초기에 영국은 그런 경탄할 만한 업적의 온상이었다. 1869년 7월 한 언론이 R. J. 클램로스R. J. Klamroth라는 사람이 런던에서 에든버러까지 640킬로미터 거리를 6일 동안 완주했다는 기사를 실었다. 자전거를 탄 시간만 65시간이었고, 평균 속도는 시속 12킬로미터였다. 그는 매일 밤 숙면을 취했고 오후에는 낮잠을 잤으며, 안장 위에서 셰리주를 벌컥벌컥 들이켰다. 사람들은 이 소식을 듣고 기뻐했다. 그해에 등장한 또다른 영웅으로는 존 헨리 팔머 John Henry Palmer가 있었는데, 그는 사흘 만에 영국 뉴캐슬 온 타인에서 버밍엄의 자기 집까지 354킬로미터를 자전거를 타고 이동했다. 또 그의 친구인 찰스 스펜서Charles Spencer, 롤리 터너Rowley Turner, 존 메이올John Mayall은 런던에서 브라이턴까지 88킬로미터를 하루 만에 주파했다. 제일 먼저 도착해 시내에 진입한 사람은 메이올이었는데 12시간이 걸렸다.

이후로 시간이 지나는 동안 이런 기록들은 흔하게 등장했고 더욱 눈에 띄었다. 1869년에는 한 스코틀랜드인이 글래스고 근처의 자기 집에서 133킬로미터 떨어진 오반까지의 바위투성이 길을 하루 만에 완주했다. 1871년에는 잉글랜드의 한 아마추어 자전거 클럽의 회원 세 명이 하루에 160킬로미터를 달리기도 했다. 이들이 자전거를 멈춘 것은 스톤헨지 기둥 사이에 자랑스럽게 자전거를 세웠을 때뿐이었다. 2년 뒤에는 같은 클럽의 열성적인 회원 네 명이 런던에서 스코틀랜드 북동쪽 끝인 존 오그로츠까지 1,126킬로미터를 2주일 만에 주파했다. 1891년에는 키스 팔코너Keith-Falconer가 영국의 남서쪽 끝인 랜즈엔드에서 존 오그로츠까지 거의 1,600킬로미터에 달하는 거리를 겨우 13일 만에 완주한 기록도 있다. 1년 뒤에는 J. W. F. 서턴J. W. F. Sutton이 420킬로미터의 일반 도로를 놀랍게도 24시간 안에 주파했다.

여성해방운동의 위대한 영웅도 등장했다. 1893년 당시 열여섯 살이던 테시 레이놀즈Tessie Reynolds가 자전거를 타고 하루 만에 브라이턴의 자기 집에서 런던까지 갔다가 다시 돌아온 것이다. 레이놀즈는 대담하게 차려 입었는데, 잠그지 않은 재킷에 무릎 높이까지 잘라낸 바지를 입었다. 그녀는 이 기록으로 권리와 능력 면에서 여성과 남성이 평등하다는 사실을 보여주었다.

대륙 건너의 기록들

전 세계적으로도 자전거 타는 사람들은 인상적인 기록을 세웠다. 1875년에는 한 프랑스인이 오스트리아 빈까지

1,126킬로미터를 12일 만에 완주했다. 1890년에는 한 러시아 중위가 상트페테르부르크에서 런던까지 3,220킬로미터를 한 달 만에 완주했다. 여기에 지지 않고 1896년에는 한 미국 중위가 군인 출신 흑인 자원봉사자인 버펄로 솔저들과 함께 몬태나 주에서 세인트루이스까지 3,220킬로미터를 완주했다.

오토바이가 개발된 이후에도 페달 자전거 완주 기록은 계속해서 신문의 헤드라인을 장식했다. 1899년에는 '1분당 1마일' 찰스 머피Charles Murphy라는 사람이 4.8킬로미터에 이르는 롱아일랜드 기찻길을 달리는 급행열차를 자전거로 쫓아간 적도 있다. 3.2킬로미터 동안 그의 속도는 시속 96킬로미터에 이르렀는데, 이는 당시 가장 빠른 오토바이의 속도와 맞먹었다. 20세기 초에는 이동 거리를 다투는 기록도 등장했다. 1915년 미국 댈러스에 사는 존 딕슨John Dixon은 6개월에 걸쳐 약 2만5750킬로미터를 달렸는데 매일 자전거로 배달을 하면서 세운 기록이었다. 그는 이동 거리에 따라 급료를 받았다.

_____ 6일 경주

자전거가 처음 나온 무렵에는 자전거로 도달할 수 있는

속도와 거리의 한계를 넓히는 노력이 조직적으로 추구되었다. 도로에서는 사람들이 경쟁을 통해 세운 인상적인 기록이 쌓였지만, 입이 떡 벌어질 정도로 대단한 기록이 나온 곳은 자전거를 위해 특별히 바닥을 매끈하게 만든 원형 트랙에서였다. '벨로드롬'이라고 불린 이 경기장은 실내에도 있고 실외에도 있었다. 1874년에는 영국 배스에서 런던까지 자전거로 8시간 반이 걸렸다고 주장한 데이비드 스탠턴David Stanton을 한 신문이 말도 안 된다며 조롱했던 일이 있었는데, 스탠턴이 실내 트랙에서 160킬로미터를 8시간 내로 주파하면서 공식적으로 기록을 재현하기도 했다.

그것이 다가 아니었다. 스탠턴은 7일 연속으로 트랙에서 1,040킬로미터를 완주하면서 군중을 열광하게 만들었다. 이것은 꽤 유명한 기록으로 남았고, 이 방식은 일요일을 빼고 이후로도 이어졌다. 인내력을 시험하는 이 경기는 '6일 경주'로 알려졌으며 다른 나라에까지 퍼졌다. 참가자들이 6일 동안 얼마나 멀리까지 주파할 수 있는지를 겨루는 경기였다. 1878년에 열렸던 한 경기에서 스탠턴은 1,600킬로미터 넘게 달리기도 했다.

_____ 오랫동안 사랑받는 경기들

6일 경주는 오늘날까지도 유명한데, 무엇보다도 다음 두 오래된 경기가 인상적이다. 1891년 프랑스인인 피에르 지파르드Pierre Giffard가 개최한 장거리 자전거 경주로 지파르드가 파리에서 편집해 출간하는 신문 〈르 프티 주르날〉을 홍보하기 위한 것이었다. 파리에서 출발해 프랑스 북서부 브르타뉴 반도 끝의 바닷가 마을 브레스트에 도착한 다음 다시 파리로 되돌아오는 경로였다. 참가자 207명 가운데 99명이 1,280킬로미터 코스를 완주했던 사람들이었다. 우승자는 71시간 22분 만에 결승점을 통과한 샤를 테랑Charles Terrant이었다.

그로부터 10년이나 지나서 두 번째 파리-브레스트-파리 경주가 열렸는데, 경기 개최에 필요한 물자를 수송하는 데 애로가 있었기 때문이었다. 이후에도 10년에 한 번씩 경기가 열렸고, 1951년 경기의 우승자였던 모리스 디오Maurice Diot는 38시간 55분이라는 기록으로 이 대회 최고 기록을 세웠다(부분적으로는 언덕이 더 많은 지역으로 경로가 계속 바뀌었다).

오늘날 파리-브레스트-파리 대회는 4년에 한 번씩 열린다. 하지만 경기가 열리는 간격보다 더 중대한 변화는 몇몇 경기자만 제한해서 다른 참가자와 별도로 경기를 치르게 한다는 점이다. 경기의 목적이 완주인 나머지 참가자들은 정해진 최대 속도와 최저 속도 안에서만 달리면 된다. 이런 느긋한 방식의 경주는 '랑도네'(randonée, 프랑스어로 나들이 또는 산책이라는 뜻—옮긴이)라고 불린다. 전 세계적으로 이런 자전거 경주가 벌어지는데 대개는 경주 거리가 80~1,600킬로미터 사이다. 랑도네 참가자들은 경주할 필요 없이 명예(또는 자선 활동)를 위해 자전거를 탄다.

유명한 대회의 시작

기록을 다투는 경기만 하는 경주도 있다. 이 대회는 그렇게 오래되지는 않았지만 아주 유명하다. 1901년 파리-브레스트-파리 대회를 공동 후원했던 일간 신문 〈르 벨로〉는 판매 부수를 늘리려 했다. 경쟁지 〈로토-벨로〉는 그 낌새를 알아차리고 선견지명이 있던 편집기자 조르주 르페브르Georges Lefèvre의 설득으로 1903년 독자적인 자전거 대회를 열기로 했다. 이 경주는 18일에 걸쳐 파리에서 시작해 리옹, 마르세유, 툴루즈, 보르도, 낭트를 거쳐 다시 파리로 귀환하는 장장 2,400킬로미터의 여정이었다. 참가자 60명이 출발선에 올랐고 그중 20명이 결승점에 도착했다. 이 대회는 원래 참가자를 더 끌어들이려 노력했지만, 실제로는 구경꾼들이 더 넘쳐났다. 사람들이 대회의 경로를 따라 늘어섰고, 우승자 모리스 가랭Maurice Garin이 95시간 반의 기록으로 결승점에 도달하는 모습을 보려고 파리 시민들이 한꺼번에 몰려들었다. 이것이 투르 드 프랑스 대회Tour de France의 시작이다.

오늘날 이 대회는 매년 21일간 개최되며 각 단계가 연속적으로 이어지는데, 총 3,500킬로미터에 이른다. 수년간 총 길이는 2,428킬로미터에서 5,745킬로미터까지 크게 바뀌었으며 여러 지역에 걸쳐 경주가 실시되고 심지어는 국경을 넘나들기도 한다. 산악지대에서는 극도의 고통과 두려움이 늘어난다. 이 대회는 종합 우승자가 입는 노란색 셔츠가 유명한데, 이는 극적인 묘미를 더한다.

대단히 힘든 도전

투르 드 프랑스 참가자들은 하루에 6,000~1만 칼로리

그 경기는 끝도 없이 계속되는 바람에
중간에 머리를 자르러 가야 하는 유일한 대회다.
그런 경기는 어디에도 없다.

°영국 출신 사이클 금메달리스트 크리스 보드먼

를 소모하며, 평균적으로 시속 38킬로미터의 속도로 하루에 200킬로미터를 주파하고(휴일은 이틀뿐이다), 에베레스트 산을 세 번 오르는 것과 맞먹는 높이를 자전거를 타고 오른다. 이 여정은 모든 스포츠를 통틀어 가장 고된 것임이 틀림없으며, 여러 전설이 탄생했다. 예를 들어 자크 앙크틸(Jacques Anquetil, 1957~1964), 에디 먹스(Eddy Merckx, 1969~1975), 베르나르 이노(Bernard Hinault, 1978~1985), 미구엘 인두라인(Miguel Indurain, 1991~1995)은 모두 5번씩 우승했다. 하지만 7번 연속으로 우승한 미국 출신 랜스 암스트롱(Lance Armstrong, 1999~2005)의 기록에는 미치지 못한다. 놀라운 사실은 암스트롱이 후반의 3년 동안은 고환에서 뇌, 폐까지 전이된 암에서 회복하는 중이었다는 점이다.

투르 드 프랑스는 유럽에서 열리는 세 개의 사이클 '그랜드 투어' 가운데 하나로, 나머지 둘은 1909년부터 시작된 지로 디탈리아(이탈리아 투어)와 1935년부터 시작된 부엘타 아 에스파냐(스페인 투어)다. 그런데 최근에는 대서양을 건너 미국에서 더 큰 규모의 대회가 인기를 얻고 있으며 장거리 사이클 대회의 경계를 계속해서 확장하는 중이다. 1982년에는 샌타모니카에서 엠파이어스테이트 빌딩에 이르는 4,830킬로미터에 걸쳐 아메리카 횡단 대회가 처음으로 열렸다. 주최자 존 마리노John Marino는 세 명의 경쟁자와 같이 경기를 펼쳤는데, 그들 모두 마리노보다 앞섰다. 그리고 우승자 론 홀드먼Lon Holdeman은 전체 코스를 10일 내로 완주했다.

이 대회는 그동안 매년 개최되었으며, 코스도 계속 달라지고 총거리는 원래보다 수백 킬로미터 안팎으로 바뀐다. 또 언제나 미국 서부에서 동부 쪽으로, 즉 대서양 연안에서 태평양 연안으로만 진행된다. 오늘날에는 매년 수백 명이 참가해서 하루에 400~560킬로미터를 달리며, 볼일을 볼 때에도 자전거에서 내리지 못하고, 밤에는 2~3시간밖에 눈을 붙이지 못한다. 선수들이 환각을 본 적이 있다고 기록된 스포츠 대회로는 전 세계적으로 유일하지 않을까 싶다. 참가자가 경기 중에 괴물 나무나 우체통의 공격을 받았다거나 소리 지르는 수염 난 남자에 쫓겼다고 불평하는 스포츠 대회로는 확실히 유일하다.

_____ 온 힘을 다해 도전하다

장거리 사이클의 궁극적인 목표가 있다면 세계 일주다. 지금까지 사람들은 이 도전 과제에 피하지 않고 맞섰다. 사람들은 자전거가 생겨난 초기부터 세계 일주를 꿈꿔왔다. 이런 서사시적 여정을 맨 처음 성공한 사람은 1884년 4월 미국 샌프란시스코에서 길을 떠난 영국인 토머스 스티븐스Thomas Stevens다. 그는 동쪽으로 길을 떠나 미국을 가로질러 유럽과 아시아를 거쳐 출발지로 되돌아왔다. 거의 3년의 시간이 걸렸고 배도 몇 번 탔으며 자전거로만 간 거리는 2만 1700여 킬로미터였다.

자전거의 역사에는 이런 성공담이 꽤 많다. 하지만 그 대부분은 자전거 세계 일주의 공식적인 새로운 정의가 등장한 2005년 이전의 기록이다. 공식적으로 이 기준을 충족하기 위해서는 지구에서 서로 마주 보는 반대편 두 지점을 통과해야 하고 전체 여정의 길이가 최소한 4만72킬로미터(적도상의 길이와 같다)여야 하며, 그중 적어도 2만8900킬로미터는 자전거로 이동해야 한다.

신기록 수립자들

목적이 뚜렷한 경쟁에 참가한다는 데 매력을 느꼈는지 지난 10년 동안 많은 도전자가 자전거 세계 일주 기록을 경신하는 데 뛰어들었다. 스티브 스트레인지Steve Strange가 276일간 여행을 완수했고, 마크 보몬트Mark Beaumont는 194일로 이를 따라잡았다. 제임스 보소프James Bowthorpe가 175일이라는 기록을 세웠다. 줄리언 세이어러Julian Sayarer가 169일로 따라

잡았다. 빈센트 콕스Vincent Cox는 163일이라는 기록을 세웠다. 이후 이 기록은 껑충 뛰었다. 앨런 베이트Alan Bate가 106일 만에 해낸 것이다. 베이트는 처음으로 지원팀과 함께했으며 이것이 놀라운 성과를 일군 요인이었다. 하지만 그 역시 페달을 밟아야 했다. 여정은 꽤 뒤죽박죽이었는데, 방콕에서 출발해 오스트레일리아와 뉴질랜드를 거쳐 샌프란시스코로 향했고, 이어 캐나다 핼리팩스에 도착한 다음 남아메리카로 빙 돌아가 브라질로 갔고, 이어 서유럽을 횡단한 다음 프랑스를 거쳐 영국으로 향했고, 다음으로 이탈리아로 휙 건너가 그리스를 지났으며, 서아시아와 동아시아를 거쳐 마지막으로 다시 방콕으로 돌아왔다.

분명히 이 기록도 언젠가는 깨질 것이다. 누군가가 80일 만에 자전거로 세계를 일주하리라 장담한다.

잃는 것보다는 얻는 것이 많다

장거리 자전거 경주에는 잠재적으로 많은 고난이 따른다. 신체적 고통으로는 다음과 같은 것이 있다. 물집 잡힌 사타구니, 등의 통증, 목의 통증, 손목 쓰라림, 손에 감각이 없어짐, 무릎 통증, 귀 통증, 눈에 모래가 들어감, 위경련, 메스꺼움, 감염병, 무좀, 햇볕으로 인한 화상, 탈수, 고산증, 코피, 근육 피로로 젖산이 쌓여 생기는 통증 등. 정신적 고통도 있다. 졸림, 어지러움, 외로움(또는 그 반대로 옆에서 계속 같이 달리는 동료들이 성가시게 느껴질 때도 있음), 향수병, 매일 새로운 장소에서 잠을 자야 하기 때문에 생기는 불면증. 위험 요인도 있다. 자전거가 고장날 수도 있고 땅 표면의 상태가 좋지 않거나(자갈이 많거나 울퉁불퉁하고 얼음이 녹아 미끄럽거나 움푹 파인 경우) 악천후를 맞을 수 있고(더위, 추위, 눈, 비, 바람, 폭풍, 안개) 또는 길에 갑자기 동물들이 어슬렁거리거나(개, 양, 소, 말, 심지어는 개구리 떼) 위험한 야생동물과 마주칠 수 있고(뱀, 곰, 곤충, 거미) 예상하지 못한 지역에 발을 들일 수도 있다(전 세계 오지 가운데에는 지도에 등장하지 않는 곳이 많고, 아니면 너무 빨리 변해서 지도에 미처 오르지 못한 경우도 있다).

최악의 상황은 두려운 '부딪힘'이다. 흔히 '벽을 친다'라고 표현하는데, 몸의 에너지가 완전히 고갈되어 더 계속할 수 없는 경우다.

믿거나 말거나, 사람들은 이 모든 과정을 즐긴다! 장거리 자전거 일주를 하는 것은 다름 아닌 '여행$_{tour}$'의 즐거움 때문이다(몇몇 자전거 대회에도 '투어'라는 단어가 붙기는 하지만). 여행을 한다면 직접 일정을 짤 수 있다. 경쟁자도, 시간 제한도 없다. 사람들이 특별한 이유도 없이 수백 수천 킬로미터를 미친 듯 페달만 밟는 것은 결코 아니다. 우선 기록을 좇거나 다른 경쟁자와 경주를 벌이거나 엄청난 대장정을 행군하는 대신 쉬엄쉬엄 즐기면서 자전거를 타면 장거리 여정이 주는 고난이 훨씬 덜해진다. 하지만 가장 중요한 것은 즐기면서 할 때 장거리를 훨씬 쉽고 오래 달릴 수 있다는 점이다.

_____ 숨겨진 아름다움을 느끼며 달리기

장거리를 달리려면 페달을 많이 밟아야 하지만, 이것이 이 여정에서 가장 즐거운 요소는 아니다. 가장 큰 즐거움은 자전거를 타면서 놀랍도록 아름다운 자연을 마주하는 데서 온다. 벌레 우는 풀밭, 한적한 바닷가, 포효하는 폭포, 거친 사막, 완만한 언덕, 희미하게 일렁대는 호수, 조용한 계곡, 꼭대기가 눈으로 덮인 산 정상, 바위 틈새로 흐르는 시냇물, 미끄러지듯 흐르는 강물, 고요한 평원, 드넓은 하늘, 향기로 가득한 숲, 험악한 바위 절벽, 이불처럼 펼쳐진 꽃밭을 구경할 수 있다.

자전거 여행은 우리에게 이런 경험을 보여주기만 하는 것이 아니라 그 아름다움을 훨씬 증폭해서 보여준다. 자전거를 타면 주변 환경과 직접 만날 수 있고 집중력이 높아지기 때문에, 주변의 모든 세세한 것이 슬로모션으로 폭발하듯 다가온다. 동시에 자전거 여행은 감각의 규모를 확대해준다. 자전거 여행을 떠날 때는 가능하면 짐을 가볍게 싸야 하는데, 무거우면 속도가 잘 붙지 않기도 하고 어차피 실을 수 있는 짐에 한계가 있다. 꼭 필요한 물건만 챙기자. 현대 생활의 여러 사치품은 포기하고 여벌 옷과 도구 상자, 텐트, 식량과 물 정도다. 이렇게 함으로써 집의 답답한 미색 벽에서 벗어나 자연 질서 그대로를 감상할 수 있다. 자연의 진정한 위대함과 타협하지 않는 장엄함을 바라볼 수 있는 것이다.

쳇바퀴 도는 것 같은 일상의 마취 상태에서 풀려나 세상이 그동안 생각했던 것보다 넓고 깊다는 느낌을 받는 것은 자전거 여행자들이 흔히 하는 경험이다. 숨겨진 깊이와 복잡성이 풍부하게 모습을 드러내는 것이다. 마치 더러운 때를 벗겼더니 귀한 그림이 나타났다든지, 원석을 갈고닦아 다이아몬드를 찾았다든지, 낡고 오래된 상자를 열었더니 멋진 오르골 음악이 흘러나왔다든지 하는 것과 비슷하다. 물리적인 실재로부터 울려 퍼지는 경이로움과 광채, 아름다운 노래를 경험하기 위해 꼭 종교가 있어야 하는 것은 아니다. 오히려 여행에서 하는 경험이 종교의 핵심적인 부분으로 전해지고는 한다. 세상에 숨겨진 찬란한 아름다움을 경험하기 위해서는 천국에 가는 것보다는 자전거를 타는 편이 낫다.

_____ 인간성을 발견하며 달리기

자전거를 타고 바라봤을 때 자연 풍경만 아름다운 것은 아니다. 감각이 예민해진 상태에서 물리적인 환경에 노출되면 인공적인 풍경이나 구조물도 더욱 인상적으로 느껴진다. 다리나 낡은 등대, 반짝이는 도시 경관, 눈길을 끄는 성, 장엄한 사원, 예쁜 마을, 위풍당당한 기념 건축물, 지평선까지 죽 펼쳐진 고속도로가 그렇다. 모든 풍경이 그 자체로 반짝반짝 빛을 발한다. 디자인과 엔지니어링, 노동의 위대한 업적이다.

자전거를 타면 여정에서 만나는 사람들과의 관계 역시 강화된다. 자전거를 타고 동네 한 바퀴를 돌 때 경험하는 것처럼, 멀리 떨어진 지역의 맨얼굴을 주의 깊고 섬세하게 마주할 수 있기 때문이다. 자전거에 속박되어 있는 상황이 주변 사람들과의 의사소통 능력을 더 키워준다.

자전거를 타고 마을이나 도시를 지날 때면 그곳에 사는 사람에게 의존하고 있다는 사실을 절감한다. 자전거를 타고 몇 시간, 며칠, 몇 주 혹은 몇 달을 보내다보면 식량과 물이 필요할 수 있다. 아니면 기상 상태가 악화되어 쉬거나 잠

잘 곳이 필요할 수 있고, 길을 찾는 데 그 지역 사람의 도움이 필요할 수 있다. 자전거가 망가져서 고쳐야 하는데 부품이나 공구가 없다든지 해서 그 지역의 자전거포에 맡겨야 할 수도 있다. 혹은 단순히 말동무를 원할 수도 있다. 말 붙일 누군가, 자연스레 섞여들 무리, 몸을 흔들며 춤을 출 곳이 필요한 것이다.

미소와 함께 다가가기

필요에 따라 지역 주민을 대하는 태도가 미묘하게 달라진다. 지역의 문화적 특이성에 대해 호기심 어린 눈으로 볼 수도 있고 더욱 깊은 연결고리를 느낄 수도 있다. 처음에는 미소를 지으며 다가가야 한다. 미소를 지으면 모든 사람이 본능적으로 무장이 해제된다. 그리고 다른 공통점을 활용해 상대방을 이해하고, 그들이 가진 동기와 잠재성이 무엇인지 파악한다. 같이 술을 마셔서 상대방의 속마음을 알아볼 수도 있다.

이런 방식으로 동료 여행자를 포함한 새로운 사람을 만날 때마다 그 사람과 나 사이의 피상적인 차이를 넘어서서 상호이해의 영역을 발견할 수 있다. 이것은 담백한 느낌이지만 자연이나 인공적인 장관 못지않게 심오하다. 자전거 여행을 하면 자연스레 문화의 표면 아래 웅크린 이면을 눈여겨 보게 되고 인간성을 발견하게 된다.

_____ 통합된 세상으로의 흐름

인류 역사는 무엇보다도 통합과 통일의 이야기라고 할 수 있다. 빗물이 웅덩이에 고여 연못으로 흘러드는 것처럼, 사람들의 작은 무리가 더 큰 사회에 합쳐지고 이는 더 큰 집단으로 나아간다. 사냥꾼과 채집자가 섞여서 초원을 어슬렁대다가 이웃 무리와도 가끔 마주하게 되었을 때부터 시작해 인간이라는 종족은 점차 전 세계적인 공동체로 탈바꿈했다.

통합하는 흐름은 네 가지의 상호연관된 힘에 의해 활성화된다. 먼저 의사소통의 수단이 발전하면서(알파벳에서 인터넷까지) 사람들이 서로를 더 잘 이해하게 되었다. 또 교통수단이 발전함에 따라(말에서 비행기까지) 사람들은 더 멀리 빠르게 여행할 수 있게 되었다. 대륙을 넘나들며 교역이 확장되면서 사람들은 서로 이득을 얻었는데, 화폐가 발명되어 복잡한 교환이 가능해졌다. 마지막으로 정부의 통치력이 커지면서 사람들은 법적이고 물리적인 기반시설(법과 도로)을 제공받을 수 있었고 인류의 진보라는 방향이 잡혔다.

오늘날 세상은 완벽함과는 거리가 멀고, 국가 안팎으로

는 불평등이 만연하다. 하지만 전체적으로 통합은 경제적 부와 건강, 길어진 평균 수명, 신생아 사망률의 감소, 민주주의의 발전, 편견의 감소를 가져오고 전쟁을 포함한 폭력의 빈도를 극적으로 낮춘다. 이런 이점은 20세기 중반 이후와 21세기 들어 전 세계적인 통합이 가속화되면서 놀랄 만큼 축적되었다. 아인슈타인의 직관이 사실로 드러난 것이다. 세계정부가 들어섰다고 볼 수는 없지만 의사소통과 여행, 교역이 세계화되면서 국제연합이나 핵확산방지조약 같은 국제단체와 협약이 늘어났다. 그 결과 오늘날 인류 역사상 유례없이 분쟁에서 상대적으로 자유로운 '긴 평화 시대'가 지속되고 있다.

하지만 이런 흐름에 단점이 완전히 없는 것은 아니다. 세계화는 견딜 수 없을 만큼 삶의 속도를 빠르게 만들어 사람들이 아끼던 전통과 사회구조에 대격변을 가져왔다. 교역이 확장되면서 모든 것에 가격표가 붙었다. 세세한 것에 규칙을 부여하는 정부가 거추장스럽게 느껴진다. 미디어는 우리의 평온을 깨고 침입해 들어온다. 모두가 계속해서 움직이는 듯이 보인다.

그리고 우리는 큰 그림을 놓치는 일이 점점 많아진다. 이렇듯 평화로운 시대에 세계화가 선사한 경제적인 풍요로움과 기회를 누리며 사는 일이 얼마나 큰 행운인지 잊은 것이다. 심지어 멀리 여행을 와서도 지평이 넓어지는 일이 드물다. 오랜 시간 비행기를 타면 감각이 무뎌진다. 새로운 장소에 와서도 편안한 호텔, 신용카드, 겉으로만 대접하고 돈을 벌려는 사람들에 둘러싸여 편할 대로만 본다. 다른 문화와 소통하는 것이 얼마나 중요한지 알아차리지 못하면 세계화의 단점과 맞닥뜨릴 때 이를 마주하는 대신 그 장점에만 안주하게 될 것이다.

마음 챙김 여행

자전거 여행을 통해 초기의 자전거 선구자들이 그랬던 것처럼 마음을 챙기며 스스로의 지평을 넓힐 수 있다. 힘들게 페달을 밟다보면 장거리 여행이 주는 놀라움을 진정으로 느끼게 된다. 세계가 넓다는 것을 경험하고 바깥세상에 수많은 기회가 있음을 더 잘 알게 되는 것이다. 안락한 일상생활과 거리를 두는 과정에서 문명이 얼마나 놀라운 업적을 이뤘는지 깨닫는다. 멀리 떨어진 오지의 문화와 소통하면서 세계적 협력의 가치를 몸소 느낄 수 있다. 또한 자전거를 통해 영감을 받았을 때처럼, 이런 효과는 자전거에서 내려도 오랫동안 이어진다. 우리는 통합된 세상에서 더욱 안락함을 느낄 것이다.

첫 번째 장거리 자전거 여행

한때는 하루에 수 킬로미터나 자전거를 탄다는 것이 불가능하게만 느껴졌다. 내가 아는 모든 사람들이 자전거를 타고 멀리 나가는 것을 험한 스포츠라고 여겼다. 그래서 나와 친구들 역시 장거리 자전거 여행을 미친 짓이라고 생각했다.

하지만 대학에 입학한 뒤 한 수학자를 만났고, 그는 직업의 특성상 이 주제에 대해 더 논리적으로 생각했다. 만약 내가 하루에 10킬로미터를 쉽게 걸을 수 있다면 자전거로는 50킬로미터를 쉽게 소화할 수 있을 것이다. 나는 그가 케임브리지(지금 내가 사는 곳)에서 에든버러까지 자전거로 왔다 갔다 하는 모습을 보고 그것이 실제로 가능하다는 사실을 알게 되었다. 그는 잉글랜드의 남해안에 있는 포츠머스에서 시작해 1주일 정도 자전거 여행을 떠날 계획을 세웠다. 그가 내 집에 도착했을 때 이 사람이 하루에 얼마나 먼 거리를 이동했는지 알고 믿을 수가 없었다(그가 내 찬장에 있는 음식을 거의 싹쓸이한 뒤에야 납득이 갔다). 나흘 뒤 그로부터 스코틀랜드에 도착했다는 문자 메시지를 받았다.

그의 침착한 영웅적 면모에 영감을 얻은 나는 다음번에 런던을 방문했을 때 자전거를 타고 80킬로미터 떨어진 케임브리지의 집까지 돌아오기로 결심했다. 집으로 돌아오는 날 날씨는 꽤 화창했고, 오랜 시간이 지나지 않아 나는 양배추밭과 예스러운 농가를 지나 케임브리지까지 절반은 도착했다. 점심으로 가져온 치즈 샌드위치를 먹으려고 길가 나무 아래에 멈춰 섰다. 이루 말할 수 없을 정도로 만족스러운 기분이 들었다. 잡념이 완전히 사라졌고, 내가 혼자 힘으로 이렇게 먼 거리를 왔다는 자부심만 가득했다. 이 아름다운 시골은 도시와는 완전히 다른 생활방식이 지배했기에 마치 수백만 킬로미터는 지난 느낌이었다.

케임브리지에서 남쪽으로 16킬로미터도 못 미친 지점의 한 주유소에서 마지막으로 멈춰 휴식을 취했다. 그리고 직원에게 물병에 물을 채워줄 수 있는지 물었다. 그녀는 음료를 팔려 하지 않고 물을 채워주었다. 자전거 여행을 하는 내 모습에 감명을 받은 듯했다. 출발한 지 3시간 반 만에 나는 케임브리지에 도착했다.

끊어지지 않는 질긴 기억의 끈을 뒤에 끌고 다니는 것처럼 이 여정의 장면 하나하나가 생생하게 기억에 남아 있다. 이웃 도시의 공기를 마실 때보다 훨씬 신이 났다. 그리고 인생에서 처음으로 물리적인 거리가 무엇을 의미하는지 깨달았다. 그것은 어딘가에 도착하기 위해 내가 기다리며 보내야 하는 시간이 아니었다. 거리란 다양한 경험으로 흘러넘치는 공간이다. 친구에게 문자 메시지를 보냈다. "독수리가 막 땅에 내려왔어." 다시 날아오를 날이 기대되어 참을 수 없었다.

자전거와 개발

서구 사회는 자전거를 경제 발전의 주된 수단으로 생각하기에는 이미 너무 많이 발전했다. 비행기나 기차, 자동차 정도는 되어야 장거리 교통수단으로 활용할 수 있다. 자전거는 단거리 이동이나 취미생활용으로 활용할 뿐이다.

개발도상국이라면 사정이 다르다. 이들 국가에서 자전거는 단거리나 장거리 모두 사람과 물자를 운반하는 필수 교통수단이다. 심지어는 구급대원들이 자전거를 타고 출동하기도 한다. 자전거를 통한 기동성이 말 그대로 삶과 죽음의 문제로 이어진다.

개발도상국에서는 자전거 페달이 전기를 얻는 발전 수단으로 쓰이기도 한다. 자전거 페달을 돌려 옥수수의 겉껍질을 벗기고 칼을 갈며 배터리를 충전하고, 물을 깨끗하게 걸러내며 물을 끌어올리고(화장실에서 쓰기도 한다), 강을 건너며 옷을 세탁한다. 다음에 당신이 아끼는 자전거를 타고 밖에 나갈 때 개발도상국 사람들을 떠올려보자. 그런 나라에서 태어났다면 페달 밟는 동작의 의미가 훨씬 클 것이다.

몸에 대한 마음 챙김

자전거 여행은 자전거 경주보다 부담이 덜하고, 신체적 고통을 겪지 않는다. 바꿔 말하면 긴장을 풀고 마음 상태를 보살필 만한 여유가 있다는 뜻이다. 특히 '몸에 대한 마음 챙김' 명상을 통해 장거리 여행을 하는 동안 생기는 몸의 피로와 고통을 완화할 수 있다.

휴식을 취하면서 호흡에만 집중한다. 그러나 이번에는 의식의 초점을 몸 전체로 옮긴다. 신경을 집중하면서 의식의 초점을 천천히 아래쪽으로 옮긴다. 목을 통과해 어깨, 가슴, 배, 옆구리, 골반, 사타구니, 허벅지, 무릎, 정강이, 발, 발가락까지 지나간다. 그후에는 원한다면 다시 돌아와도 좋다.

집중하기 힘들다면 지금 경험하고 있는 몸의 감각에 일단 주의를 기울인다. 즐거움, 이것도 저것도 아닌 느낌, 지루함, 쓰라림, 아픔 등에 좋거나 나쁘다고 판단을 내리지 않는다. 다만 호기심을 보여라. 새로운 패턴이나 흔하지 않은 색깔을 본다고 상상한다. 한 번도 경험하지 못한 감각을 경험해 그

것을 궁금하게 여기는 것처럼 말이다.
경험하고 있는 것에 대해 어떤 생각이 떠오른다면 구름처럼 그냥 흘려보내라. 몸의 일부가 되게 하는 것이다. 상념과 함께하는 것이 편해질수록 몸도 더욱 편안해질 것이다.

나가는 말

자전거 타기와
균형 잡힌 삶

생생한 명상과 같이, 자전거 타기는
아인슈타인처럼 '통합적인' 철학적 감각을 길러준다.
자전거 위에서 실용적이며 개성적이고
지역 사회적이며 세계적인 태도를 형성할 수 있다.
이런 태도는 각자의 조합을 통해서 서로를 강화한다.
자전거 여행이 끝날 무렵
지금의 자신을 반성하고 경험을
더욱 발전시킬 기회를 얻을 것이다.
그 결과 고양된 세계관이 우리를 북돋우고
다시 평온과 행복을 얻도록 돕는다.
자전거를 타면서 마음을 챙기는 기술을 습득하면
복잡한 현대 사회에서 균형 잡힌 삶을 살 수 있다.

KEEP CALM
AND
KEEP BALANCE

자신의 인생을 돌아봤을 때 어떤 사람이기를 바라는가?
아인슈타인처럼 과학과 기술, 창의력과 의지, 대담성을 견지한 채
인간성과 겸손함을 가지고 인본적인 태도를 가진
사람이 되고 싶지 않은가? 아인슈타인의 인생에서 우리에게
가장 영감을 주는 부분은 그가 각각의 태도를 균형을 이루어
놀랄 만한 수준으로 드러냈다는 점이다. 그의 삶이 주는 교훈은
균형 잡힌 삶이야말로 우리를 더 나아지게 만든다는 것이다.

여정의 끝

1955년 4월 21일 아인슈타인은 프린스턴의 사무실로 출근했다. 사타구니에 통증을 느꼈고 그것이 얼굴에 드러났다. 비서가 무슨 일이 있는지 묻자 웃으며 대답했다. "아무 일도 없네. 내 몸이 이상한 것을 빼고는 말이지." 다음 날, 그는 쓰러졌다. 예전에 진단받았던 복부 대동맥의 동맥류 파열이었다. 여러 명의 의사가 그의 집에 모였고 수술할 수 있는 외과의를 추천했지만 성공할 가능성은 낮았다. 아인슈타인은 치료를 거부했다. "나는 내 몫을 했소. 이제 떠날 시간입니다." 다음 날 아침, 아인슈타인은 심한 고통으로 잠에서 깨어 병원으로 옮겨졌고 며칠간 입원했다. 이곳에서 그는 몇

쪽에 달하는 수식을 적어나갔고, 아마 결코 지키지 못할 연설 약속을 위해 연습도 했다. "나는 오늘 여기에 미국 시민이나 유대인으로서가 아니라 한 명의 인간으로서 여러분 앞에 섰습니다." 4월 18일 새벽 1시, 한 간호사가 아인슈타인이 침대에서 독일어로 외치는 소리를 들었고 침상으로 달려갔다. 하지만 알베르트 아인슈타인은 이미 숨을 거둔 채였다. 그는 사망한 그날로 화장되었으며, 그의 소망에 따라 장례식은 12명만이 참석한 상태에서 검소하게 치러졌다. 아인슈타인은 생을 마감할 때도 생전과 비슷한 모습이었다. 고집 센 사람이자 헌신적인 과학자, 열성적인 세계정부 옹호자, 그리고 소박한 영혼이었다.

자신의 인생을 돌아봤을 때 어떤 사람이기를 바라는가? 아인슈타인처럼 충만한 인생을 살고 싶지 않은가? 그와 마찬가지로 과학과 기술, 실재에 가치를 부여하고 창의력과 의지, 대담성을 대변하며, 인간성과 겸손, 이웃 사랑을 귀하게 여기고 인본주의의 더 큰 그림을 감상하는 사람이 되고 싶지 않은가?

아인슈타인의 인생에서 우리에게 가장 영감을 주는 부분은 그가 각각의 태도를 놀랄 만한 수준으로 드러냈다는 점이다. 아인슈타인은 뛰어나게 실용적인 사람이었고 모든 행동에서 개성적이었으며, 지역 사회를 무척 친근하게 대했고, 지칠 줄 모르고 세계정부를 옹호했다. 한 개인이 실용적, 개성적, 지역적, 세계적인 태도를 타협하지 않고 모두 견지하기란 힘들 테니 여러 태도 가운데 가장 두드러진 하나가 나머지를 지배했으리라 생각할 것이다. 하지만 아인슈타인의 삶을 되짚어보면 그렇지 않다. 그의 경우에는 네 가지 태도가 함께 어우러져 서로를 강화했다.

대부분은 이와는 다른 접근법을 취한다. 네 가지 가운데 하나만 기르고 나머지는 배제하거나, 심지어는 폄하하기까지 한다. 두뇌가 한쪽으로 치우친 것처럼 행동하며 왼쪽, 오른쪽 또는 앞쪽, 뒤쪽 가운데 한쪽으로 치우치듯이 실용적, 개성적, 지역적, 세계적인 태도를 대할 때도 어느 한 가지로 기울어지려 한다(사회나 집단에 대해서도 같은 원리가 성립해서 서로 배타적인 무리로 나뉜다). 때로는 철학자가 되어 끊임없이 무의미하게 인생에서 벌어지는 갈등과 모순을 걱정한다.

현대 사회는 스트레스를 많이 주고, 자신의 틀에만 고정되면 스스로 스트레스를 받는다. 자기 자신의 생각과 감각, 느낌에 붙잡히면 강박적으로 특정한 태도에 집착하게 되고 편협해지기 쉽다. 아인슈타인의 삶이 주는 교훈은 균형 잡힌 삶이야말로 우리를 더 나아지게 만든다는 것이다. 지향하는 바가 무엇이든 이 책에 나온 네 가지 태도 가운데 하나가 아닌 모두를 받아들여 각각 서로를 강화하도록 해야 더욱 성취감을 느낄 수 있을 것이다.

시너지효과

네 가지 태도가 서로 상승 작용을 한다는 사실은 분명하다. 현실과 실재에 대해 배우면 창의력이 높아지고, 상상력은 실용적인 자각력을 높여준다. 통합되고 세계화된 사회는 지역 사회를 강화하고, 지역 공동체가 번성하면 더 넓은 범위의 경제에 공헌할 수 있다. 창의적인 관점을 가지면 세계관이 더욱 넓어지고, 여행을 통해 세상을 포용하면 상상력을 키울 수 있다. 실용적인 마음가짐은 지역 공동체에 공헌하게 하고, 이웃과 상호작용하면 유용한 기술을 공유할 수

그는 미쳐 돌아가는 세상에서
제정신으로 살아가는 사람이었다.

°**버트런드 러셀, 아인슈타인에 대해서 한 말 중에서**

있다. 국제적 통합은 기술력을 강화하고, 과학 발전은 세계화를 촉진한다. 남보다 한발 앞서려고만 하지 말고 창의성을 통해 스스로를 표현하다보면 이웃과 서로 눈을 마주 보고 뜻을 함께할 수 있으며, 친밀한 지역 공동체는 개성을 표출하도록 독려한다.

마음 챙김 명상을 통해 이 모든 삶의 방식을 성취할 수 있다. 마음 챙김 명상은 스스로의 생각과 감각, 느낌에만 사로잡히는 대신 세계관 전체의 자연적인 균형을 회복하도록 돕는다. 하지만 너무 바빠서 명상할 시간이 없을 때도 있다. 또 명상을 하더라도 스트레스가 많아서 이점을 누리지 못하기도 한다. 그러면 한쪽으로 편향되는 습관으로 다시 돌아가게 된다.

_____ 자전거를 타자

자전거야말로 생생한 명상법이 되어준다. 자전거를 타면 어딘가에 은둔하지 않아도 온전한 삶의 흐름 속에서 마음 챙김을 달성할 수 있고, 그러면서도 지속적으로 이점을 누릴 수 있다. 자전거 위에 오르거나 내린 이후에도 이 책에서 말한 네 가지 태도는 구름처럼 우리가 가는 길 주위에 저절로 모여든다. 우리는 자전거가 어떻게 움직이는지 배우고,

자전거 산책을 매번 준비하며, 날것의 현실과 실재를 마주하면서 실용적인 사고방식을 습득한다. 또한 더 큰 자유와 창의성, 의지를 향해 페달을 밟아 나아가는 과정에서 개성을 표출한다. 이웃을 알아가고 사회성을 길러가는 과정에서 지역 사회에 대한 감수성을 강화한다. 또 물리적 거리의 진정한 의미와 인간 본성, 인류 통합의 가치를 직접 경험하는 과정에서 세상을 더 잘 알게 된다.

자전거를 통해 스스로 균형 잡는 법을 배울 수 있다. 왼쪽과 오른쪽, 앞과 뒤라는 양극단 사이에서 균형을 이루는 것이다. 하지만 무엇보다도 이를 통해 행복을 느끼고, 완전한 철학이 주는 이점으로 자신을 가득 채울 수 있다. 자전거를 타면 호기심이라는 마법 같은 즐거움을 경험한다. 또 마음속에서 자유롭게 흐르는 유쾌함과 지역 공동체에 대한 소속감과 공헌이라는 따뜻한 불빛, 야생적인 자연 또는 최대치로 심오해진 인간성으로부터 영감을 받은 외경심을 느낄 수 있다. 자전거에 오르면 아인슈타인이 알았던 사실, 즉 삶이 우리에게 무엇을 던져주든 모든 일이 다 괜찮을 거라는 사실을 발견하게 된다.

감사의 말

무엇보다 레베카 와츠에게 큰 감사를 전한다. 그녀의 조언과 세부 사항에 대한 집중, 창의성, 모든 범위에 걸친 도움 덕분에 책이 훨씬 나아졌고 책을 쓰는 과정이 상당히 즐거웠다.

초고를 읽고 자전거 타기와 아인슈타인의 작업에 대한 기술적인 조언을 해준 마크 파월과 대니얼 제임스에게도 고마움을 전한다.

이 책은 '자전거 라이프스타일'이라는 프로젝트가 없었다면 불가능했을 것이다. 수많은 사람들이 이 프로젝트에 공헌했지만, 특히 아래에 나열한 사람들에게 감사한다. 도미닉 타이어먼, 게레스 젠킨스, 애덤 코프랜드, 존 헤이스트, 바클레이스 인쇄소의 데이비드 애모스와 모리스 로트먼, 매트 데트머, 로즈 스토웰, 리터드 로슨, 스튜어트 프랭스.

책을 쓸 기회를 주었으며 처음부터 끝까지 품위 있고 유익하게 도와준 출판사 아이비 프레스 직원들과 출판사에 나를 소개해준 마크 윌리엄슨에게도 감사한다.

마지막으로 좋은 책을 써주었고 무엇보다 내게 영감을 선사한 저술가 월터 아이작슨, 로버트 펜, 리처드 레이어드, 존티 히버세지, 에드 할리웰에게 감사를 전하고 싶다.

더 읽을 책

《3분 아인슈타인》, 폴 파슨즈 지음, 김명남 옮김, 열린책들

《나 홀로 볼링: 사회적 커뮤니티의 붕괴와 소생》, 로버트 D. 퍼트넘 지음, 정승현 옮김, 페이퍼로드

《넌제로: 하나된 세계를 향한 인간 운명의 논리》, 로버트 라이트 지음, 임지원 옮김, 말글빛냄

《아인슈타인: 삶과 우주》, 월터 아이작슨 지음, 이덕환 옮김, 까치

《이것은 자전거 이야기가 아닙니다: 랜스 암스트롱, 삶으로의 귀환》, 랜스 암스트롱, 샐리 젠킨스 지음, 김지양 옮김, 체온365

《자전거의 즐거움: 두 바퀴 위의 행복에 관한 모든 것》, 로버트 펜 지음, 박영준 옮김, 책읽는수요일

《평등이 답이다: 왜 평등한 사회는 늘 바람직한가?》, 리처드 윌킨슨, 케이트 피킷 지음, 전재웅 옮김, 이후

M. Beaumont, *The Man Who Cycled the World*, Bantam Press, 2009.

N. Cavill and A. Davis, *Cycling and Health: What's the Evidence?*, 2007. (http://www.ecf.com/wp-content/uploads/2011/10/Cycling-and-health-Whats-the-evidence.pdf)

M. Crawford, *The Case for Working with Your Hands: Or Why Office Work is Bad for Us and Fixing Things Feels Good*, Viking, 2009.

J. Heaversedge and E. Halliwell, *The Mindful Manifesto: How Doing Less and Noticing More Can Help us Thrive in a Stressed-out World*, Hay House, 2010.

D.V. Herlihy, *Bicycle: The History*, Yale University Press, 2004.

R. Layard, *Happiness: Lessons from a New Science*, Penguin, 2005.

Cycle Lifestyle magazine: www.cyclelifestyle.co.uk 홈페이지에서 전체 호를 무료로 내려받을 수 있음

아인슈타인과 자전거 타기의 행복
균형 잡힌 삶을 위한 마음 챙김

1판 1쇄 찍음 2016년 3월 15일
1판 1쇄 펴냄 2016년 3월 25일

지은이	벤 어빈
옮긴이	김아림
펴낸이	이동준, 정재현
기획편집	전상희, 김소영
디자인	손현주
제작처	금강인쇄주식회사

펴낸곳	이룸북
출판등록	2014년 10월 17일 제2014-000294호
주소	135-963 서울시 강남구 논현로 16길 4-3 이룸빌딩 5층
전화	02-424-2410(판매) 02-579-2410(편집)
전송	02-424-5006
전자우편	erumbook@erumenb.com
페이스북	https://www.facebook.com/erumbook

ISBN 979-11-953846-9-3 03800

이룸북은 (주)이룸이앤비의 단행본 브랜드입니다.

이 책의 내용을 이용하려면 반드시 저작권자와 이룸북의 동의를 받아야 합니다.
이 도서의 국립중앙도서관 출판예정도서목록(CIP)은 서지정보유통지원시스템
홈페이지(http://seoji.nl.go.kr)와 국가자료공동목록시스템(http://www.nl.go.kr/kolisnet)에서
이용하실 수 있습니다.(CIP제어번호: CIP2016005767)